刀林学步

李雄飞 ◎ 著

国家图书馆出版社

图书在版编目（CIP）数据

书林学步 / 李雄飞著 . — 北京 : 国家图书馆出版社 , 2019.2
ISBN 978-7-5013-6799-3

Ⅰ . ①书… Ⅱ . ①李… Ⅲ . ①古籍—研究—中国—文集
Ⅳ . ① G256-53

中国版本图书馆 CIP 数据核字（2019）第 124799 号

书　　名	书林学步
著　　者	李雄飞
责任编辑	王　雷　廖生训
封面设计	耕者设计工作室

出版发行　国家图书馆出版社（北京市西城区文津街 7 号　100034）
　　　　　　（原书目文献出版社　北京图书馆出版社）
　　　　　　010-66114536　63802249　nlcpress@nlc.cn（邮购）

网　　址	http://www.nlcpress.com
排　　版	九章文化
印　　装	北京科信印刷有限公司
版次印次	2019 年 2 月第 1 版　2019 年 2 月第 1 次印刷

开　　本	710×1000（毫米）　1/16
印　　张	14.5
字　　数	179 千字

书　　号	ISBN 978-7-5013-6799-3
定　　价	60.00 元

一剪梅·赠外甥李雄飞（代序）

王子和

曾虑为何取此名？血涌深情，摇动心旌。

雄飞万里九霄重。

古卷新生，哲圣相逢。

探古知今术业成，文也盈盈，笑也盈盈。

流光易逝再启程。

秘境高峰，智者从容。

　　我的外甥的大名叫李雄飞（小名晓静），这是一个挺有味道、挺有气势也挺能引起对其文化内涵进行不同解读的名字。是的，很长时间以来，我就是按照自己的解读来理解这个名字的。这是 2016 年的某一天，晓静在他的朋友圈里发了一段文字，就是关于他的名字李雄飞的。他说："很多亲朋好友问我名字的来历，因为师友中多文史研究者，多以为出自《后汉书》卷二十七《赵温列传》中的'大丈夫当雄飞，安能雌伏？'其实不然！此名乃家父所取，出自中国共产党的创始人之一李大钊烈士的名言：青年之字典，无困难之字；青年之口头，无障碍之语；惟知跃进，惟知雄飞，惟知本身自由之精神、奇僻之思想、锐敏之直觉、活泼之生命，以创造环境，征服历史。'我生在唐山，而李大钊是乐亭人，归唐山市辖，莫非这就是家父为我取此名的原因？在此一并答复怀有此问的各位亲朋好友。另外，也是受此启发，我微信的个性签名选自清末外交家何如璋的《雌雄瀑布》诗：'悬崖两道垂奔瀑，水若空行失所倚。一勺讵堪龙变化，不甘雌伏妄雄飞。'"

我读了上面这段文字后，对外甥学名的来历，才恍然大悟，而内心却为我多年来的一大疏忽深感惭愧。为此，当即发了一段微信给他。微信文字如下："晓静，我也是第一次听说你的名字的由来。原来只是觉得挺好。提到李大钊，我一直是非常敬仰的。原因很多，其中之一，就是因为先贤李大钊还是你妈妈和我的唐山一中的老校友呢。据我的记忆，李大钊先生在唐山一中求学的时间是 1902 年至 1905 年（此记忆有误。实为 1905 年至 1907 年），那时学校的名字一时记不得了，好像是滦州中学吧（待查）。同时，我还记得，唐山一中的校训是李大钊的名言，即：'铁肩担道义，妙手著文章。'另外，我们家可以说是与唐山一中缘分源源不断的。除了你妈妈和我是唐山一中的毕业生之外，你大姨的孙女张祎、大孙子张萌晨和现在正在就读的二孙子张萌龙，也是唐山一中的学生呀。正因为有了以上的诸多因素，我才在这首以《一剪梅》为题的赠词中，写出了这样的诗句：'曾虑为何取此名？血涌深情，摇动心旌。'这里所说的'血涌'，既有家族血脉传承之意，也有民族血脉贯通之意啊！因此，'雄飞'一名，是足以'摇动心旌'的啊！"

说过上面这些话，我似乎意犹未尽，便顺势提了一个建议："晓静啊，你交往甚广，且其中有许多名人。既然有这么多、这么好的人脉资源，实在应该多写一些这方面的纪实散文，然后择机出一本书，会很有意义的。此建议，仅供参考。""雄飞万里九霄重"一句，该是我对自己极为喜爱的外甥李雄飞的钩望吧。

如今看来，我的外甥李雄飞真的是没有辜负我二姐夫当初给他取名时所寄托的厚望。他先后毕业于北京大学信息管理系图书馆学专业本科、中国人民大学清史研究所中国古代史专业研究生班和北京满文书院第四届研究班。1990年进北京大学图书馆古籍部工作至今。现为北京大学图书馆古籍部高级编目员、副研究馆员，兼任北京大学满语文研究中心副主任。2012年加入中国民主同盟，历任民盟北大委员会委员、第八支部主任委员、《北大盟讯》执行主编、民盟北京市委宣传工作委员会副主任。从业以来，先后在国内学术期刊上发表学术论文五十余篇、杂文三十三篇；编辑整理大型古籍类图书二十三种数百册；点校古籍三部；专著两部（第二作者）。先后参与了《续修四库全书》《四库全书存目丛书》《中国少数民族古籍总目提要》《中国家谱总目》《中国古籍总目》及《清史》子项目《中华儒藏》等国家重大科研、出版项目。他现在是中国图书馆学会会员、中国易学文化研究会会员、中国民族古文字研究会会员、中国历史文献研究会理事、中国满学专业委员会副秘书长。主要研究领域为文献学、版本目录学、满文古籍。我列举了这么一大段简介，其实是因为从内心觉得，他走上这么一条学者之路的不易。因为他的工作是要"古卷新生"！他每日都在与"哲圣相逢"！此中杂陈甘苦百味，非亲历者难以体会；此中文字阶梯上的寂寞攀爬，非从此业者难以感受！

现在说我的外甥"探古知今术业成，文也盈盈，笑也盈盈"，似不为过。当他总结迄今为止的成绩时，也正当祝贺我的七十岁生日时，他在微信上发表了一段文字，我觉得有些道理，不妨照录如下："在亲人当中，对我的学业和事业影响最大的有两位：一位是学中文的父亲，是父亲给了我对文史与生俱来的基因和热爱。另一位是出身军旅的诗人老舅王子和，是老舅涵养了我细腻而浪漫的文人情怀。今天是老舅的生日，撷取他的诗集《回眸逝川》中的一首旧作抄录之，以重温亲情。这首诗很应景，也足以寄情，祝老舅生日快乐！诗年同寿！您说过，晓静是您的骄傲。今天，在这个月亮最圆的夜晚，晓静也骄傲地告诉您：您和爸爸一直是也永远是我的偶像和榜样！"

我的外甥的主要研究领域为文献学、版本学、满文古籍。在我的眼中，或者是以我的知识积累来面对，对以上三种学问的攀登，都可用"秘境高峰"来形容。而在这些专业学者才会涉猎的领域，也只有"智者从容"。为此，我十分地期盼李雄飞能飞得更远一些、更高一些！产生这种期盼的原因很多，其中的一条便是：我和他都是出生在唐山这片土地上。而且我的父母在把我养育成人，并于 1965 年把我送进解放军南京外语学院之后两年，两位老人又担负起了把李雄飞抚养长大的重任。是的，雄飞是在唐山度过宝贵童年的，到了 1974 年才回到北京父母身边上学。而这时，两位老人也跟着到了北京，去继续默默地照顾二姐他们一家，照顾我的外甥李雄飞和他的妹妹李洁飞了。

有时我常想，这个世界上是不是真的有因果报应这种命运安排啊？大概有吧。我的老父老母辛劳一生，一心一意为了子女，为了孙子孙女、外孙外孙女，他们自然也收获了许许多多的欣慰感和幸福感。其中有一件事，我每每想起来，是非常欣慰的，那就是正因为二老到了北京去照顾二姐他们一家，从而躲过了 1976 年 7 月 28 日凌晨那场 7.8 级大地震，使他们分别以九十四岁和九十一岁的高寿，颐养了他们的天年。否则，那时如果他们生活在唐山市中心的家中的话，其命运结果就难以预料了。因为我家当时居住的市中心就是那场特大地震的中心。

李雄飞出生后，因为我的二姐大学毕业后被分配到河北省兴隆县医院工作，二姐夫在北京学习、工作，所以是二位老人把李雄飞一手拉扯大的。也正因为从小父母就不在身边，所以李雄飞得到了姥姥、姥爷和全家人格外的悉心照料，也由此培养起他和姥姥、姥爷，和母家全家人，和唐山深厚而真挚的感情！可惜二位老人没有能看到他们无比疼爱的晓静娶妻生女、成家立业；更没有看到他们的外孙晓静如此出息的样子。在我们看来虽略有遗憾，但二位老人如果地下有知，也应该含笑九泉了。

"大丈夫当雄飞，安能雌伏？"唯愿我的外甥李雄飞越飞越高！

2016 年 11 月 5 日写于南通

《书林学步》自序

2018 年，是我参加工作整整三十周年，从事古籍编目工作二十八周年。"三十年为一世而道更"。三十年，一个人正常的自然生命已近其半了；而就学术生命而言，"行百里者半于九十"三十年还是个充满青涩的年纪。

关于出自己的学术文集，最早是十几年前，北京图书馆出版社（现已更名为国家图书馆出版社）的贾贵荣、殷梦霞两位老师首次跟我提起的。那时我还只有三十多岁，自认为在学术上还是个蹒跚学步的娃娃，从来不敢想出自己集子的事，即便到现在也是如此。所以，对于贾老师和殷老师的美意，我也只是不置可否。五年前，国图社的好友廖君生训再次提及此事，我已经有点儿不好意思再拂此美意了，于是开始谋划。此后几年，因为工作、家庭冗事的牵扯；再有就是一直怀有一颗"廉耻"之心，觉得自己在学术上的"资历"尚浅，还没有资格出自己的集子，所以此事始终没有什么实质性的进展。2014 年元月，华艺出版社的编辑殷芳小弟，请我为他责编的一部个人文集写序。该集出版后，殷芳弟给我送样书时说："李老师，您从事古籍工作这么多年，成果也不少，也应该出个集子了。"此话倒是提醒了我。是啊！入行已经二十四年了，也应该给自己做个小结了。此后我才沉下心来，以给自己的学术生涯做一个小结的心态来整理自己的集子，心里的那种诚惶诚恐，反而变得平和了。

回顾自己的人生经历和学术经历，有两个人对我影响至深，一位是我的父亲，一位是我的老舅。父亲是学中文的，大学毕业后，因为品学兼优，便作为出国储备师资，被选派到北京外国语学院（今北京外国语大学）法语系进修法语。1969年9月至1972年9月，赴非洲马里，在首都巴马科一中学教中文。这是中国政府首派教师到西非教中文，父亲也荣幸地成为公派教师赴非洲任教第一人。后来调到北京语言学院（今北京语言大学），从事对外汉语教学工作直至退休。

1967年8月，我出生在母亲的娘家——河北省唐山市，父亲给我取了个响亮而大气的名字——雄飞。很多亲朋好友都问过我名字的来历，因为师友中多文史研究者，多以为出自《后汉书》卷二十七《赵温列传》中的"大丈夫当雄飞，安能雌伏？"其实不然！此名出自中国共产党的创始人之一李大钊烈士的名言："青年之字典，无困难之字；青年之口头，无障碍之语；惟知跃进，惟知雄飞，惟知本身自由之精神、奇僻之思想、锐敏之直觉、活泼之生命，以创造环境，征服历史。"我想父亲给我取这么个让我好有压力的名字，无疑是对我寄予厚望，希望我将来能有出息。另外，我想这跟母亲也有一定关系吧。母亲毕业于全国重点高中——唐山一中，这是李大钊先生的母校。大钊先生是河北乐亭人，归唐山市辖。以母亲的伟人同乡、校友的名言取名，这应该也含有励志的成分吧。

因为父亲在北京工作，后又去非洲教书三年；母亲大学毕业后，被分配到承德地区的兴隆县医院工作；父母分居两地，所以我的童年是在唐山度过的，是姥姥、姥爷把我带大的。直到七岁，我才回到北京父母身边上小学，我们一家才得以团聚。印象里，在我们全家团聚之前，我只见过父亲一次，那是父亲来兴隆探亲。对父亲更多的印象，则是通过父亲寄来的他在非洲工作、生活的黑白照片获得的。

　　陌生感和距离感往往是相伴而生的，这让我面对父亲时，总有种远视和仰视的感觉。在这种视角下的父亲，除了高大，还有一种威严。其实父亲对我的教育从来都不是靠威势的，而是以理服人，以德服人。就像他的职业一样，为人师表，率先垂范，以身作则。父亲从来不强迫、命令我去做什么，也从未刻意往哪个方面引导我，他对我的影响是一种潜移默化式的。父亲对我最大的影响就是读书。父亲是个爱书之人，爱读书，也爱买书。那时候父母的工资虽算不上微薄，但支撑上有老、下有小这一大家子，买书有时真是显得有些奢侈。父亲除了买自己看的书，也经常给我买小人书看。我还很清晰地记得，每给我买一本小人书，爸爸都会在书脊上工工整整地写上一个流水编号。书买得多了，还专门给我腾出了一个一米多高的小书架。这应该是爸爸对我的第一步塑造，培养了我从小就爱读书的好习惯。据家里的长辈们说，我从小就是个很安静的孩子，拿着一件带字的东西就能静静地看上半天，也许这就是父母给我取小名"晓静"的原因吧，是不是跟大名"雄飞"反差有点儿大？这也算是一种减压。从小学四年级开始，我对文史产生了浓厚的兴趣。父亲发现后就"投其所好"，经常给我买些历史故事方面的读物。在父亲的影响下，从小学到高中，我的语文成绩都很好；高中三年，我一直是班里的语文课代表。语文成绩的优异，也让我在学校小有名气。我高中时的班主任，曾私下里告诉我一句在年级里流传很广而我却一无所知的话："李雄飞在全年级语文考第一不是新闻，没考第一才是新闻。"平心而论，我在语文上真没下过什么狠功夫，好像在这方面天生就具有一种驾轻就熟、举重若轻，甚至是无师自通的能力。毫无疑问，这种能力是父亲传给我的。父亲对我"不经意"的影响，决定了我未来的志趣，而且为我以后的学术人生打下了非常坚实的基础。

　　父亲对我的影响多来自于"身教"，而我从小的偶像——老舅对我的影响则是通过"言传"。老舅之所以成为我的偶像，一是因为他是军人，我们那一代人，哪个少年没有一个从军的梦啊！二是因为老舅是位诗人、作家，是母家最有出息的人。妈妈出身于贫苦的矿工家庭，我的姥爷是唐山开滦煤矿的老矿工，新中国成立后不久就光荣退休了。姥姥是一位不识字的家庭妇女。他们一共生养了六个孩子，妈妈排行老四，老舅是最小的。在这样一个家庭里，竟然培养出了两个大学生，那就是妈妈和老舅。他们两个都毕业于全国重点高中、革命先驱李大钊先生的母校唐山一中。妈妈后来考上了河北医学院，走上了从医之路。老舅的学习成绩非常优异，本来是要报考北大、清华的，但被解放军外国语学院（南京）日语系提前录取，由此开启了军旅生涯。老舅在中学时代就喜欢文学创作，在部队这个大熔炉的锤炼下，逐渐成长为一名军旅诗人、作家。后来转业到地方，在南通市文化局工作，并在局长的职位上退休。老舅在南通成家立业，虽然远隔千里，见面的机会很少，但每次出差来京，都要抽时间来家里过问我的功课，给我辅导作文。每有新作发表，也都寄给我一份，并附信一封，勉励我好好学习。我也会认认真真地给老舅回信，汇报一下我的学习情况。

转眼间快四十年了，我已是人到中年；老舅也已步入古稀，但他依然是我的偶像。而一直在老舅的关注下成长的我，虽没有做出什么惊天动地的伟业，但走入了国内最高学府，跨入了学术殿堂，也算是没有辜负老舅对我的期许。老舅说我是他的骄傲，我把这看作是对我三十年来努力的最高肯定和褒奖。而从不当面夸我的严父，私下里跟母亲说："晓静已经超过我了。"当母亲偷偷告诉我这些时，我禁不住落泪了……

严父和慈舅的肯定，让我的内心有种如释重负的感觉。之所以会如此沉重，是因为我的成长之路经历了太多的挫折。在长辈们眼里，我一直是一个乖乖的、很听话的孩子。其实并非如此，我也有过青春的躁动，也经历过一段很叛逆的时期，和父母对立非常严重。生理的变化引起心理的变化，并直接影响到我的学习。其实，到高中阶段，我偏科的问题已经相当严重了，文、史、地超好，数、理、化较差。偏科加上身体原因，使我未来的人生之路和求学之路变得异常坎坷，甚至差点儿毁了我的人生。连滚带爬地度过了这段艰难岁月之后，我才意识到当年父母"烦人"的"唠叨"是对的；因为自己的少不经事和"不听话"，付出了惨重的代价，不知要多付出多少倍的努力才能补回和修正，甚至不知道还能否补回和修正。其实说起来，人生就是两个字——求索，就是在摸索中前行，在不断的正确与错误的选择中成长。每一次错误的产生，都是赐予我们的一个修正、纠偏的机会。挫折是人生一笔宝贵的财富。我应该感谢这些挫折，没有挫折的"敲打"，我的人生注定是浑浑噩噩、平淡无奇的；没有挫折的"摧残"，就没有风雨过后彩虹的精彩。求学之路的艰难，反而让我倍加珍惜得来不易的任何一次学习机会。工作以后，在业务上也是一样。我曾在与沈津先生通话时诉说过我的苦恼。沈先生所处的那个时代，工作中仍然延续着师傅带徒弟的传统方式。而到了我们这一代，没有老先生的传帮带了；再加上自己任性所付出的代价，业务上的精进更多的是靠自己的悟性，靠自己的钻研，甚至是靠"偷听"前辈同事的"闲聊"获得的。

主观上的努力，离不开客观环境的成全。在这里，我应该感谢任进宝叔叔和吕文珍阿姨！是他们夫妇在我人生的最低谷时，把我介绍到图书馆编目部"中编"古籍编目组；感谢"中编"负责人成素梅老师收留了我！北大图书馆宏富的古籍收藏，不仅为我未来的业务学习和学术研究提供了丰富的素材，而且在某种程度上来说是缩短了我的"成才"之路，弥补了一些因为成长而付出的代价。

提到环境对我成长的帮助，除了得天独厚的丰富馆藏，还有就是良好的工作、学习和研究氛围，这就不能不提到我的三位领导——沈乃文老师、张玉范老师和姚伯岳老师。我刚进馆时，是在古籍编目组。那时还没有古籍部，古籍编目组隶属于编目部的"中文编目"，组长由时任馆长办公室主任的沈乃文老师兼任。我进馆时，正赶上馆里立项要摸清馆藏古籍家底，主要由古籍编目组来承担，因此本组从"中编"独立出来，直属馆办领导。后来组里闹"人荒"，一度只剩我一个人，沈老师遂辞去馆长办公室主任一职，专职作古籍编目组组长。沈老师经常说我和他很像，都是"自纂"型的。所谓"自纂"型，就是没有师傅带，全靠自己钻研、摸索；用时下的话说就是"自学成才"吧。沈老师非常鼓励下属钻研业务，并为此提供便利条件和创造宽松环境。他规定：在保质保量完成工作定额后，剩余的时间由个人自由支配，你可以就自己感兴趣的方向进行业务学习或研究，但不可以做与业务无关的事情。在工作中，他放手大胆地让我们去干，培养我们独当一面的能力。他还鼓励我们走出去学习，参加学术会议和讲座，多和外单位的同行交流；或是把外单位的同行专家请进来，给我们作报告和讲座。他鼓励我们发文章，通过这种方式来促进我们的业务钻研，锻炼我们分析问题、解决问题、总结归纳和文字表达能力，同时也使我们在职称晋升时具备了较强的竞争力。他还非常重视内部的业务交流，通过组内的业务学习会（后因全组只剩我们两人而终止）和个别谈心的方式，让大家互相交流和分享各自的学习心得；他也会把自己的体会和经验毫无保留地传授给大家，并给予建设性的引导。

　　1999 年，北大进行人事改革，我的工作岗位也发生了变化，由学术性较强的业务工作，转为服务性工作。这一变动让我一时难以适应，感觉到自己的事业走入了一个低谷，情绪上很低落。那时，古籍部已经成立，张玉范老师是首任部主任，我也就此开始在张老师的直接领导下工作。张老师非常善于发挥每个人的特长，调动每个人的积极性，在工作上给了我充分的信任和大胆的使用。我在部门里是年龄最小的，精力充沛，所以张老师就大胆地给我压担子；名义上我是管库的，但实际上是楼上地下、阅览室和书库一肩挑，除了劳动强度大、责任重的书库管理本职工作外，还身兼阅览、咨询和工会、后勤等一应杂务。张老师又知道我是个很细心的人，文字表达能力强，又有一定的业务钻研能力，所以就让我承担了部门内大部分的文字性工作和校对工作。另外就是让我参与部门内的所有科研、出版项目，并让我负一定的小责任。最多时，我一个人同时参与四五个项目。下了班还要带着项目回家做，有一段时间每天只能睡不到五个小时，当年高考时我都没这么拼过命。张老师的一片苦心，不仅使我的能力得到了充分的施展，也让我得到了很大的锻炼；工作的变动不仅没有荒废我的业务，相反还使我的业务水平有了长足的进步和提高。在阅览室工作六年，我发表的学术论文数量比之前十年的总和还要多，为我后来晋升高级职称打下了坚实的基础。

2005 年，我重新回到古籍编目组，干起我的老本行。这时候，我的顶头上司变成了姚伯岳老师。姚老师是古籍部的副主任，主管编目等内部工作，并担任总校。和上述两位领导相比，姚老师和我的关系有些特殊：一是姚老师不仅是我的领导，还是我大学本科阶段的老师，教我们"版本学"；二是姚老师只比我大三四岁，就像是一位兄长。说实在的，姚老师不像是个领导。虽然离开教学岗位好几年了，但他身上那股书生气质一直没变，所以我们之间的关系似乎仍像是当年的师生；每次他校我的记录，都像是在判我的作业。我们的工位是斜对面，所以交流起来非常方便，也非常多，内容也非常广泛，有工作业务上的，有学术上的，也有生活上的。交流的方式也与前两位领导不一样，是一种双向、互动式的，就像老师和学生一起探讨问题。

三位领导虽然性格不同、特点各异，但在我的学术生涯中都起到了很重要的作用，使我受益匪浅，由一名编目辅助人员，成长为一名高级编目员。他们都是雄飞一生中的贵人！

今年是我从事古籍编目工作二十八周年。对于一个人文社科研究者来说，二十八年，其实还是个"在路上"的年纪，所以我给自己的这本集子定名为《书林学步》。这并非是我过谦，而是任何学科都一样，学无止境！出这本集子实在是有点儿"人在江湖，身不由己"的感觉。如果说初心，那只有一个，就是对自己二十八年来学术人生的一个阶段性总结。我对自己的评价是：我并不是一个很勤奋的人。如果说我在这个行当里还有一点儿小成绩，那应该得益于我的有心。星座理论认为处女座的人做事追求完美，我很认同这种说法。我从自己发表过的五十余篇学术论文中挑选了近四十篇，分编为两个集子，一为《书林学步》，是关于汉文古籍研究的；一为《蹒跚集》，是关于满文古籍研究的。现在回过头来看自己发表过的文章，特别是早期的，自己都感觉很幼稚。所以，我把这两本集子看作是一个小学生的学习作业汇报，而非什么专家学者的学术精品集。

我希望通过这两本集子，和大家分享我从事学术研究的成果和快乐，也一起分享我的人生感悟。在我走上学术之路前，父母、长辈、老师经常会教育我：要做好事，先要做好人！走上学术之路后，前辈们也经常提到：要做好学问，先要做好人！前辈的教导，我始终铭记在心，并一直努力践行。在我成长的过程中，得到过太多人的扶持和帮助。每每遇到困难，都会有贵人出手相助。这让我更坚定了老老实实做人、踏踏实实干事的信念！

谨以此集感恩在雄飞成长过程中给予过关爱和帮助的所有人！你们是雄飞生命中的贵人！

2018 年 8 月 30 日五十一周岁生日序于燕园

目　录

东林党人钱一本表字辨证

　　钱一本，明季著名学者。字国端，号启新，武进（今江苏常州）人。万历四年庚午（1576）举于乡，万历十一年癸未（1583）成进士。除庐陵县（今江西吉安）知县，任职七载，多有惠政。万历十七年（1589）入为福建道御史，已而转任广西巡抚。其人耿直敢言，因上《论相》《建储》二疏，触怒神宗皇帝，被斥为平民。自此回归故里，读书研理，专心治学。与东林党领袖顾宪成、高攀龙等时相过从，并与顾等分主东林书院讲席，被学者称之为"启新先生"，是著名的"东林八君子"①之一。万历末年卒于家。天启二年壬戌（1622）追赠太仆寺少卿。钱一本平生无他好，潜心于六经、濂、洛诸书，上自天文，下至地理，无所不披究，尤邃于易学。著有《像象管见》《像抄》《范衍》，其象数变通之妙，为秦汉以来所鲜见。其学无师自通，乃"无师之智，不传之习"，然而所得堪与宋代名儒、以聪颖闻于天下的邵雍相比。钱一本的其他著述还有《龟记》《邸抄》《续抄》《源汇两编》《四圣一心录》等等，其中多数被收入

---

　　① 东林八君子：东林党是明朝末年以江南士大夫为主的官僚政治集团，因其聚集在东林书院讲学，故名。其中，以顾宪成、顾允成、高攀龙、安希范、刘元珍、钱一本、薛敷教、叶茂才八人影响最大，时人称之为"东林八君子"。

了清代所编的《四库全书》，有较高的学术价值，为后世学者所重，本人也被视为一代名儒。

关于钱一本的表字，见之于文献的有三种不同说法。《明史》①卷二百三十一《钱一本传》云："钱一本，字国瑞。"清道光二十二年（1842）尊经阁刻本《武进阳湖县合志·钱一本传》中，亦云钱一本字国瑞。同此者尚有《东林列传》②卷二十二《钱一本传》、《明史列传稿》③卷八十五《钱一本传》、清光绪二十八年（1902）无锡高氏木活字本《锡山历朝名人著述书目考》卷七、《四库全书总目》提要④卷八，以及《中国人名大辞典》⑤（臧励龢等编）、《中国历代名人辞典》⑥（南京大学历史系编）、《明人传记资料索引》⑦（台湾"中央图书馆"编）、《中国儒学辞典》（郭厚安、赵吉惠编）⑧等现代工具书。《明儒言行录》⑨卷九所引邹南皋（元标）撰钱一本墓志铭，则云钱一本，字国端。从此说者还有《明名臣言行录》⑩卷七十七《钱一本传》、民国二十五年（1936）毗陵毛氏木活字本《毗陵人品记》卷十《钱一本传》、《明儒学案》⑪卷五十九《钱一本传》及《天启崇祯两朝遗诗·钱一本传》⑫等。更有吕绍纲先生主

①　清乾隆四年（1739）武英殿刻本。
②　清康熙五十年（1711）刻本。
③　清康熙间敬慎堂刻本。
④　中华书局1965年版。
⑤　商务印书馆民国十年（1921）初版。
⑥　江西人民出版社1982年版。
⑦　中华书局1987年版。
⑧　辽宁人民出版社1988年版。
⑨　《明代传记丛刊》，台湾明文书局1991年初版。
⑩　《明代传记丛刊》，台湾明文书局1991年初版。
⑪　《明代传记丛刊》，台湾明文书局1991年初版。
⑫　《明代传记丛刊》，台湾明文书局1991年初版。

编的《周易辞典》①，说钱一本字国瑞，一字国端。究竟如何呢？这就要先从中国人的名字谈起。众所周知，在古汉语中，"名"和"字"是两个概念。以前人们除了自己的"名"以外，一般都还有一个"字"。通常情况下，"字"是"名"的解释和补充说明，"名"与"字"互为表里，因此"字"又称"表字"。照此规律，我们来分析一下钱一本的"名"和"字"。

先来看看他的"名"——"一本"。"一"在中国古代是一个哲学概念。一者，道也。"道"是以老庄为代表的道家哲学的最高概括。老子赋予了"道"两个意义：一、"道"是指事物变化、发展的总规律；二、"道"是"先天地生"的世界本原。老子云："有物混成，先天地生……可以为天下母，吾不知其名，字之曰道，强名之曰大。"（《老子》第二十五章）又云："道生一，一生二，二生三，三生万物。"（《老子》第四十二章）《说文解字》是这样解释"一"的："一，惟初太始，道立于一，造分天地，化成万物。"《庄子·天地》云："一之所起，有一而未形。"《淮南子·诠言》则云："一也者，万物之本也，无敌之道也。"从上述引言中可以看到，"道"被解释为世界本原。"一"既然就是"道"，那么就也有世界本原之意了。

"本"在汉字"六书"中属于指事，从其字形即可知其本意为草木之根。《吕氏春秋·辩土》云："是以晦广以平，则不丧本茎。"东汉著名学者高诱注云："本，根也。"后来，"本"的意义由草木之根引申为事物的起始、根源。《广雅·释诂一》是这样解释"本"的："本，始也。"《吕氏春秋·无义》则说："故义者百事之始也，万利之本也。"高诱注云："本，原也。"由此可见，"本"和"一"都有起始、本原之意。

钱一本的表字只是"瑞""端"之别，因此我们只要分析一下这两个

---

① 吉林大学出版社 1992 年版。

字就可以了。"瑞"在《汉语大字典》中有六个意项，即：1.瑞玉；2.征兆；3.吉祥；4.美称；5.古州名；6.姓。与"一""本"的任何一个意项都无关。而"端"作"首、顶端、开头"讲。《集韵·桓韵》云："端，始也。"这就正好与"一""本"的起始之意相吻合。因此，如果按照"字"是"名"的解释和补充说明这一一般规律来讲，"国端"显然比"国瑞"在意义上与"一本"更为贴近；而"国瑞"则与"一本"风马牛不相及。如此说来，钱一本的表字应该是"国端"，而不是"国瑞"。

如果说如上判断是强调了事物的普遍性，而抹杀了事物的特殊性，难免有牵强附会之嫌的话，那么如下证据则可证明上述结论并非主观臆断，而是客观事实。在钱一本的众多著述中，本馆藏有明万历三十二年（1604）毗陵钱氏刻本《像象管见》、明万历三十四年（1606）刻本《范衍》、明万历四十一年（1613）刻本《像抄》、明万历刻本《黾记》和明真止堂刻本《遁世编》等五种，其中前四种皆有钱一本自序，序末皆镌有"国端"印章，当为其私印无疑。这就无可辩驳地证明：钱一本字国端。

"端"与"瑞"形相近，而意相远。造成"国端""国瑞"两歧的原因，显然是因为字形相近，刻书人在写刻之时疏忽大意，未加详辨所致。以后，随着书籍的传刻流布，又以讹传讹，以至一字两歧，贻误后人。至于《周易辞典》的说法，可能是编者已发现钱一本表字有"国端""国瑞"两说，但由于种种原因未能进一步查考，故用此两者并存之万全之策。

［发表于《北京大学学报》（哲学社会科学版）1996年第六期］

附记：

这是我第一次在全国优秀社科期刊上发表学术论文。原计划的题目是《钱一本表字及生卒年辨证》，但在当时检索条件十分有限，后半部分无法完成；再加上是第一次向全国优秀社科期刊投稿，缺乏自信，所以就把前一部分先发表了。此文是我发表的第二篇学术论文，体现了我早期论文的两个特点：一是篇幅较短，因为那时学术功力尚浅，对一些问题的研究还不够深入；二是还缺乏发现问题的能力和敏锐度，多是听前辈同事编目时发现问题，提出疑问，自己有心记下，然后私下里"偷偷"查考、研究。这也是我的老领导沈乃文老师非常赞赏我的一点：肯于钻研。此文的结论多次被引用。

《中国丛书综录》纠缪二则

一、《陆氏六种合刻》非独撰丛书

《陆氏六种合刻》，清道光间拜五经楼刻本，仅北京大学图书馆（以下简称北大馆）藏，子目如下：《御侮备览》二卷，附《江海备览外编》一卷；《黔滇纪略》一卷；《倚棹闲吟》一卷；《拜五经楼诗赋》二卷；《述扬合刻》二卷；《半茧集》一卷。《中国丛书综录》（以下简称《丛书综录》）著录为清陆嵩龄撰，将其归为独撰类丛书。然统览全书，乃知其著录误也，下面我们就对各子目作一详细分析。

第一种《御侮备览》二卷，附《江海备览外编》一卷。卷前有清道光癸巳（道光十三年，1833）陆嵩龄自识，中云："余生逢盛世，寡陋少学，军旅之事未之闻也。道光乙酉（道光五年，1825）签判蕲春，以捕盗受军门天鹏（按：罗思举，字天鹏，又字子江，东乡人，官湖北提督）先生知，欲从西征而未果。壬辰（道光十二年，1832）春，湖南永匪跳梁，上《平猺十策》，以忧中复不得行，然枕戈报国之忧未尝去怀。爰采辑古今捍御应变之法，与丁君星舫（按：丁周，字星舫，醴陵人，官蒲圻知县）校核去取，编类分卷，庶几前贤之良轨，已试之准则，其守防制拒，选器用人各要务了然在目，名曰《御侮备览》。"陆识明白无误地告诉我们：《御侮备览》乃"采辑古今捍御应变之法"，"校核去取，编类分卷"而成；且非陆嵩龄独力之功，尚有"丁君星舫"襄赞其事。再看正文，分为"防""备""令""拒""兵械""火器"等八类，各类下又分细则，或直接转录古代兵书，或选取历代著名战例，循前贤之良轨，而无私义之阐发。如卷上之"设防"条，援引宋代许洞之《虎钤经》；"防诡冒"条，举三国魏之司马懿讨孟达于新城之例；"防声东击西"条，选唐代史思明围太原之战；"拒云梯"，采唐张巡守睢阳之役等等，皆先贤之奇策，而非陆氏之良谋。最后再看《御侮备览》《江海备览外编》之卷端，均题："东吴陆嵩龄伽陵编辑。"由此可见，《备览》一书之成，陆嵩龄只行编辑之力，而无撰述之功。

《黔滇纪略》一卷，系陆嵩龄"黔滇往来耳目所经"之纪。《倚棹闲吟》一卷乃其自滇回省沿途诗作。《拜五经楼诗赋》二卷分为两部分，一卷为《拜五经楼试帖》，一卷为《拜五经楼试言》，皆陆氏任蕲春通判前之旧作。此三种卷端均题"东吴陆嵩龄伽陵"，皆系自撰。

《述扬合刻》（按：书名据书签题，《丛书综录》作《述杨合刻》）二卷，分为两部分，一卷为《吟巢遗抄》（按：书名据板心上刻题；《丛书综录》作《吟巢遗稿》，乃据封面题），卷端题"吴门陆伯琥亮揆"；一卷为《香草山房遗稿》（按：据陆嵩龄《香草山房遗稿》识云："香草山房，公所筑读书处。"封面、板心亦题"香草山房遗稿"，《丛书综录》误作《香雪山房遗稿》），卷端题："吴门陆思谦晓村。"伯琥乃嵩龄祖，思谦系嵩龄父。此二集皆陆嵩龄取箧内所存，搜家中余烬，"复向故旧处抄撮成卷"，付之剞氏而成。

伽陵（陆嵩龄字）为东吴望族，居吴门。道光癸未（道光三年，1823）夏，陆嵩龄"以金判捧檄来蕲"，"气盖一时，欲大申幼学壮行之志"。在任期间，"以洁己为本，化民为任"，吏治清明，多有惠政，深孚名望，声誉甚隆。陈诗（乾隆四十三年进士，蕲州人）序云："伽陵君至，一以直道行之。……一年有余，而郭内外之额而诵之者于而来，士夫之讴而吟之者累累不绝也。"伽陵好友顾澍序云："州人士服其（指陆嵩龄）介节之廉，感其化行之速，悬额于堂，赋诗授简，非虚誉也。"伽陵自序曰："余与蕲人信爱交孚，若有家人之乐，而蕲士民之颂余者踵至沓来。始有赠褚珍之伞，添郑武之衣者，余以例禁却之。乃复或以额、或以联、或以词章来投，余皆辞不获已，汗颜受之。比闻诸绅士民复剧资刊集……"此即《半茧集》一卷成书之缘起。集中除开篇《和菊人陈孝廉韵酬诸君子》为陆嵩龄所作外，余皆蕲州士民称颂伽陵公德政之诗作。

综上所述，《陆氏六种合刻》除《黔滇纪略》《倚棹闲吟》《拜五经楼诗赋》为陆嵩龄独撰外，《御侮备览》《江海备览外编》《述扬合刻》为陆氏编辑，《半茧集》为蕲州士绅所辑颂伽陵公德政之作，故将其归为独撰类丛书是错误的，正确的著作方式应为清陆嵩龄编撰。至于既非陆嵩龄所撰，又非其编辑的《半茧集》，因属《陆氏六种合刻》之附刻，故与"陆嵩龄编撰"的著作方式无碍。

二、《结一庐朱氏剩余丛书》之辑者

《结一庐朱氏剩余丛书》（以下简称《剩余丛书》），清光绪三十一年（1905）仁和朱氏刻本。子目四种，即宋赵明诚撰《金石录》三十卷，附缪荃孙撰《札记》《今存碑目》各一卷；唐张说撰《张说之文集》二十五卷、《补遗》五卷；唐刘禹锡撰《刘宾客文集》三十卷、《外集》十卷；唐司空图撰《司空表圣文集》十卷。据总封面后牌记题，《剩余丛书》始刻于光绪甲辰（光绪三十年，1904），乙巳（光绪三十一年，1905）工竣，丙午（即光绪三十二年，1906）印行。子目各书所选底本皆系仁和（今浙江杭州）朱氏结一庐藏精抄本，经版本目录学大师缪荃孙精心校勘，更兼刻印良善，实属清末版刻之佳品。

关于《剩余丛书》的责任者，有两种不同的著录：一如北大馆著录为清朱学勤辑；二从《丛书综录》，著录为清朱澄辑。笔者曾查阅过北大馆、首都图书馆、北京师范大学图书馆、湖北省图书馆等多家收藏单位的《剩余丛书》，皆未题责任者，亦无总序跋。在辨明孰是孰非之前，有必要先了解一下结一庐主人与结一庐藏书。

结一庐系仁和朱氏的藏书楼，其构建者为朱学勤，字修伯，咸丰三年（1853）进士，由庶常改户部主事，入直军机章京，累官至大理寺卿。学勤才赡学博，性喜蓄书，筑"结一庐"以藏，有书数万卷，为咸丰间东南三大藏书家之一。朱澄乃学勤长子，字子清，官江苏补用道。自幼受家学濡染，颇具乃父遗风，亦笃好典籍。父亡后，他承绪父志，肆力搜访，聚书不辍，使结一庐缥缃盈栋，精本充牣。据文献记载，朱澄卒后，遗书竟有八十柜之多。

北大馆将《剩余丛书》著录为朱学勤辑，显然是因为学勤乃结一庐之主，而《丛书综录》的著录不知何据。但不管是哪一种著录，似都存有疑点。先看朱学勤说。《剩余丛书》刻于光绪三十一年，而学勤早于光绪元年（1875）即已归于兜率了，此时朱澄也已作古十载有余了。既是学勤遗编，那为何要等到三十年以后，等到子（指朱澄）亡书散后才付梓梨枣呢？朱学勤据其藏书编有《结一庐书目》，按经、史、子、集分为四卷。检卷二、四，《剩余丛书》中之《金石录》《张说之文集》和《司空表圣文集》皆有著录，而独不见《刘宾客文集》，这使人推测《刘集》为学勤卒后朱澄所购得，那么学勤所编书目中当然不会著录此集了。也许这便是《丛书综录》将《剩余丛书》的辑者著录为朱澄的缘故吧。不过如此著录似有不甚严密之处，因为尚有学勤父子二人同辑之可能。

再来看看朱澄说。《剩余丛书》名中的"剩余"二字，既是对此说的疑问，同时似乎也在向我们传达着另外一种启示。朱氏结一庐藏书始聚于朱学勤，学勤卒后传于二子。"长子澄，仕江左不得志，藏书为东南最。其仲潜，奉太夫人（学勤妻马氏）居京师，莳花种竹，以娱其亲，日与诸名士游，而轻世肆志焉。"（张佩纶撰《涧于集·文上·朱外姑马夫人六十寿序》）也就是说，结一庐藏书实由长子澄负责管理，而次子潜（字子涵）少有过问。及澄病殁，澄子弗能继守祖传家业，使凝聚了学勤父子两代人四十余年心血的"结一之藏"从此败落。《剩余丛书》所收的这四种书，显然是书散后朱家所余存，故名"剩余"。如此说来，这丛书的责任者就有可能是朱学勤父子之外的第三者了。此人不大可能是朱家后人，因为很难想象，连祖传家业都不能继守的不肖子孙，会去为先人编辑遗编，更不敢奢望其能出资刊刻了。《剩余丛书》每种之后均有缪荃孙跋，《张集》跋云："《张说之文集》二十五卷……仁和朱子涵观察出视所藏彭文勤公（元瑞）本，抄极旧，惜止廿卷。再据吴仲怿重熹侍郎明抄本互补，以成全璧。今前廿卷用彭本，后五卷用吴本，聊存旧式而退诸书，拾补者另编五卷，似可复卅卷之旧。"《刘集》跋云："《刘宾客文集》三十卷……此朱子涵旧藏。"《外集》十卷，世罕流传，有以正集诗文伪充者。甲辰（光绪三十年，1904）冬在苏州，书贾以味书室抄《外集》……求售，抄手极旧，以重值得之，可为子涵配全，亦一快事。"可见，虽然尚不能确定缪荃孙为该丛书的唯一辑者，但其辑者之一的身份是无可否认的。

那么缪氏究竟是不是《剩余丛书》的唯一辑者？如果不是，那第一辑者又是何人呢？笔者近日研究结一庐藏书与《结一庐书目》，在查阅资料时，从缪氏为朱学勤著《结一庐遗文》二卷所撰的序文中找到了答案。

缪序云："迨丙申（光绪二十二年，1896）馆钟山，而子清又殁，书籍亦散。其精华悉归丰润张幼樵（佩纶）前辈，其奇零有归于荃孙者。子涵亦由直隶改官江南。一日，持汲古抄本《金石录》、张燕公（说）、刘宾客（禹锡）、司空表圣（图）三唐人文集，明抄本中多夹签，皆先生（指朱学勤）手校欲梓者。经理刻成，以继先志。"序文言之凿凿，存于朱潨之手的这四种"剩余"之书，"皆先生手校欲梓者"，故学勤为《剩余丛书》的第一辑者毋庸置疑。缪氏于学勤生前曾执弟子之礼，与朱澄、朱潨两兄弟亦相交甚厚，其序言是可信的。缪氏《结一庐遗文》序又云："而《燕公集》缺五卷，《刘宾客》缺外集，荃孙为假别本补足传之。"这与前文所引《张集》《刘集》跋文是相符的。因此，《剩余丛书》的责任者应著录为朱学勤、缪荃孙辑；或朱学勤辑，缪荃孙补辑。特别值得称道的是：对于朱家来说，《剩余丛书》的刊刻传世，缪氏可谓居功至伟，而他却从不显扬，以成人之美为快事。书中非但不署己名，且刻牌记曰："光绪乙巳仁和朱氏刻"，将刊刻之功归于朱家后人。此等高风亮品，堪称读书人之楷模，足令后辈钦敬不已。

至此，《剩余丛书》辑者之谜已水落石出了，但朱学勤既为第一辑者，且刻印所据底本皆出自己藏，那为何在其所编的《结一庐书目》中未见著录《刘宾客文集》呢？可能性大概有以下几种：一、在编制书目时因疏忽而漏掉了；二、购得《刘集》时，书目早已编成，未能补入；三、《刘集》为学勤晚年购得，未及补入书目即已命归兜率。不过，这三种可能性均不大：其一，这四种书的底本，都是世所罕见的传本，为学勤特别珍爱之物，恐不至有此疏漏；其二，叶德辉光绪辛丑（光绪二十七年，1901）所撰《结一庐书目》序云："《结一庐书目》四卷编次极精，每书下注明板刻年月、抄藏姓名，惜只传抄本，不能与海内共读也。余因再

三校阅，付之手民，并以江建霞（标）太史所录宋元目数纸手书附后，
俾侍郎（指朱学勤）一生心血得以有托……"可见，在叶氏首刻《结一
庐书目》之前，此目一直是以抄本传世的。据笔者推测，此目虽告初成，
然学勤聚书却未中止，时有新获入藏。而于目成之后之新藏，学勤当是
随购随补入目；其三，据缪氏序言，此四部书均经学勤亲手校订，即便
《刘集》乃其最后所得，那既有校订的时间，总不至于无暇补入书目吧！
究竟是何原因而缺著于目，这涉及到《结一庐书目》的版本问题，笔者
将有专文论述，在此不再赘述。

还有，《剩余丛书》为何在学勤死后三十余年才付之手民呢？前文已
述，学勤死后，结一庐藏书由其长子朱澄掌管。澄于官场颇不得志，乃
专意搜讨图籍，经营家藏，"冷摊小市，无往不到。"（缪荃孙《云自在龛
随笔》卷四）结一庐藏书的一大特色就是多精抄本，大概是学勤欲梓的
抄本远不止《剩余丛书》这四种，而整日四处奔波，耽于搜访图籍的朱澄，
实在无暇也无力以全乃父遗托。光绪十六年（1890），澄殁，澄子不能守
其祖业，致使富称一时的结一庐藏书流散世间。朱家破落至此，也就更
谈不上以承先人之志了。又过了十余年，朱氏手中业已"剩余"无几了，
这才在朱家挚交缪荃孙的鼎力相助之下得偿先人遗愿。

（发表于《古籍整理研究学刊》2001 年第 2 期）

附记：

这又是一篇来源于实践的文章，是在帮湖北省图书馆副馆长、古籍
版本专家阳海清先生核对丛书记录时发现的问题。从发表第一篇学术论
文以来，我投稿的成功率是百分之百，从未被退过稿。该文是我第一次

被"退"稿。此稿原投《中国典籍与文化》，那时该刊还不是核心期刊。看到信封上写着"退稿"二字，心里有种失落感。打开信封，见退稿中还夹着一张便笺，上面写着（大意）：您的文章水平很高。本刊属于知识性、普及性刊物，建议转投《古籍整理研究学刊》。于是我就将该稿连同这封"推荐信"一并寄给了《古籍整理研究学刊》，果然被刊用了。

《明史·艺文志》评述

1994年，国家古籍整理出版规划小组设项编制《全国古籍总目》，北京大学图书馆承担了经部的任务。我具体负责查考著者的生卒年，以备书目排序之用。在查考明代著者时，《千顷堂书目》（以下简称《千目》）给了我很多帮助。在使用过程中，我深深地感悟到，其价值已远远超出了其书目本身。由此，我对它产生了浓厚的兴趣。也许是爱屋及乌吧，进而对以它为基兆编制而成的《明史·艺文志》（以下简称《明志》）也颇为留意。但我发现，有关《明志》的论述不多，特别是全面性的评述更是凤毛麟角，多是一鳞半爪、只言片语的散论。窃以为：凡存者必具其道。《明志》固然有诸多不足，但即便是瑜一瑕百，亦并非一无是处，还是有可资利用的价值的。笔者乃嗫嚅小儿，忝冒古籍界一纪有余，今在挹酌前辈研究成果的基础上，谈一点自己的心得，惟冀以己之浅识陋见为引玉之砖，与诸同仁共同关注于《明志》的研究，使其物尽其用。

一、《明史·艺文志》的源流

我国史志目录的编制，已有千余年的悠久历史，通常主要是以当时的政府藏书目录为基础的，如《汉书·艺文志》（以下简称《汉志》）用刘向、刘歆父子的《七略》《别录》；《隋书·经籍志》（以下简称《隋志》）用《东都图书目录》、王俭的《七志》、阮孝绪的《七录》；《唐书·经籍志》用《群书四部录》《古今书录》；《宋史·艺文志》（以下简称《宋志》）用《宋中兴国史艺文志》等等。而《明志》却以私家目录《千目》为主要依据，其原因何在？让我们先来看一下明代政府藏书目录的编制情况。

明初统治者在天下甫定、百业待举的创业时期，对藏书建设应该说还是极为重视的。明太祖朱元璋曾"诏求四方遗书，设秘书监丞，寻改翰林典籍以掌之"（倪灿《明史艺文志序》，以下简称《倪序》）。永乐皇帝曾命礼部尚书郑赐遣使访购图书，"唯其所欲，与之，勿较值"（《倪序》）。访得的图书与前代遗书均藏于文渊阁东阁。正统六年（1441），少师杨士奇、学士马愉、侍讲曹鼐等，对文渊阁藏书逐一点勘，编成《文渊阁书目》，著录宏富。万历三十三年（1605），中书舍人张萱等取内阁藏书重加检校，编成《内阁藏书目录》八卷。明代的政府藏书目录仅此二部，均为账簿式的登记书目，极其简略，舛误甚多，且皆出于本朝，不能反映终明一代之著述，这就为《明志》的编制造成了相当大的困难。

万历年间，大学士陈于陛建议修国史，并举荐著名学者焦竑专领其事。国史最终没有修成，只撰成《国史经籍志》六卷。《四库全书总目提要》（以下简称《四库提要》）批评它"丛抄旧目，无所考核，不论存亡，率尔乱载，古来目录唯是书最不足信"。清顺治五年（1648），清王朝纂修《明史》，也未编成。参与修史的傅维鳞以个人之力纂成《明书》，其中有《经籍志》三卷。该志主要依《文渊阁书目》著录，收录多为宋元旧本，明人著述甚寥，只能反映明初典籍的收藏情况，与其名颇不相副。

康熙十八年（1679），尤侗奉命分修《明史》，撰成《艺文志》五卷。《四库提要》评曰："所摭拾既多挂漏，又往往不载卷数及撰人姓名。其例唯载有明一代著作，而前史所载则不录。诸史之志，唯《宋史》芜杂荒谬，不足为凭，此《志》又出《宋志》之下。"由此可见，明代及清初所编的有关明代政府藏书的目录及史志目录皆质量低下而不足据，可又没有南宋、辽、金、元四朝的现成书目可以参考，这便是张廷玉等以《千目》为依据纂修《明志》的原因之一。

另一原因则在于《千目》本身的较高价值。《千目》为晋江黄虞稷所编，是黄氏父子两代人心血的结晶。黄父名居中，字明立，号海鹤，万历十三年（1585）举人。曾为国子监丞。后弃官移居金陵，"家马路街，构千顷堂以藏书"（陈作霖《金陵通传》）。他一生嗜书成癖，"易箦之前，手未尝释卷帙也"（钱谦益《黄氏千顷斋藏书记》）。死后留下一座富藏六万余卷的藏书室"千顷斋"及一部六卷本的《千顷斋藏书目录》。虞稷乃居中仲子，承父流风，勤于学古，邃目录之学。他聚书不辍，使家藏益富，千顷斋（堂）得以缥缃盈栋，傲视一方。钱谦益为集明诗，曾往千顷堂观书。钱氏乃清初大儒，文坛首魁，学问赡博，见多识广，其绛云楼藏书更是名播天下，而采诗之役尚需借助黄氏藏书，足见千顷堂藏书之富。虞稷以其父《千顷斋藏书目录》为基础，编成了《千目》。康熙十八年（1679），经《明史》监修总裁官徐元文疏荐，虞稷以布衣之身入翰林院，与修《明史》，分纂列传及艺文志。他以《千目》为基础，又参考了官、私藏书目录及地方文献，以十年之功成稿，一份以《明史·艺文志稿》之名呈交明史馆，另一份以《千目》（三十二卷）之名行世。明史馆总纂修官王鸿绪对虞稷的上呈稿进行了删改及补充、修正，编成《明史稿·艺文志》。《明史》主修张廷玉对王稿略加改动，遂成《明志》定稿。

二、《明史·艺文志》的特点

其一，在体例上，"去前代之陈编，纪一朝之著述"

与黄虞稷同在明史馆的倪灿，在其所撰的《明志》序中说："前代史志，皆录古今之书，以其为中秘所藏，著一代之所有。"也就是说，传统的史志目录，都是纪一代藏书之盛，而《明志》只纪明一代著述，是有其原因的：

首先，明以前的史志目录，都是根据政府藏书目录而编制的。明代的政府藏书目录有两部，其中《文渊阁书目》被倪灿评为："今《文渊》之目，既不可凭。且其书仅及元季，三百年作者缺焉，此亦未足称纪载也。"另一部《内阁藏书目录》是对内阁藏书重加检校而成，《文渊》之目既不足凭，《内阁》之目当然亦不足据了。所以，终明一代，无一部好的政府藏书目录可资凭据，使得《明志》只能"更其例，去前代之陈编，纪一朝之著述"了。

其次，明代是我国封建科技、文化由盛转衰的分水岭，呈现出空前的繁荣景象。"第有明一代以来，君臣崇尚文雅，列圣之著述，内府咸有开板。而一时作者，亦自彬彬。""迨夫博雅淹通之士，著述尤夥，故其篇帙繁富，远过前人。"（《倪序》）科技的发展也促进了文化的繁荣。雕版印刷术作为我国古代闻名世界的四大发明之一，发展到明代已相当成熟和发达了，且十分普及，刻印书籍较前代已很容易。再加上明以前的历代遗书，明代的藏书量远远超过了前代。所以，如果仍然沿袭传统史志目录"录古今之书""著一代之所有"的体例，则《艺文志》的篇幅势必大增，从而破坏了《明史》整体结构的平衡，单纪明代著述之盛亦即成为必然。

此外，亦有人为因素。《千目》每类后本附有宋、辽、金、元著作共计 2420 种，王鸿绪在编《明史稿·艺文志》时，将这部分全部删掉了。

其二，在体裁上属于登记目录

关于古籍目录的体裁，汪辟疆先生在其《目录学研究》一书中提出了四种样式：第一种"纲纪群籍，簿属甲乙"；第二种"辨章学术，剖析源流"；第三种"鉴别旧椠，雠校异同"；第四种"提要钩玄，治学涉径"。《明志》属于第一种，即按类记录书名，使各种图书有所归属，而对书中旨意不加论述。其具体著录项目依次为著者、书名、卷数，没有小序和解题。偶有小注，亦极简略。登记目录有两种著录方式：一是只录书名和卷数，把作者放在小注中说明，如《旧唐书·经籍志》；而《明志》则属另一种，是仿《新唐书·艺文志》（以下简称《新唐志》）之例。登记目录看似简单，但须编者在编制前下一番功夫，所谓"不标辨章学术之旨，自有心领神会之功"。

其三，在分类上有独到之处

《明志》采用的是我国传统的四部分类法，分为经、史、子、集四大部类。经部下分易、书、诗、礼、乐、春秋、孝经、诸经、四书、小学等十小类；史部下分正史、杂史、史抄、故事、职官、仪注、刑法、传记、地理、谱牒等十小类；子部下分儒家、杂家、农家、小说家、兵书、天文、历数、五行、艺术、类书、道家、释家等十二小类；集部下分别集、总集、文史等三个小类，共计三十五个小类。与前代史志目录相比，其分类体系也有独到之处。例如，"四书"是儒家思想的精华，其名成于宋代。朱熹从《礼记》中抽出《大学》《中庸》二篇，与《论语》《孟子》二经合为"四书"。《明志》在正史目录中设"四书类"，这是一个创举。此外，子部将名家、墨家、法家、纵横家等诸子百家著作归入一"杂家类";集部总集中收入"制举类"著作等,均显示出其在分类上的独到之处。

其四,在著录中采用了"互著"的方法

如王宇的《周易占林》四卷,分别著录于经部·易类和子部·五行类;冯应京的《皇明经世实用编》二十八卷分见于史部·故事类和子部·杂家类;成祖仁孝徐皇后的《劝善书》二十卷互见于经部·小学类和子部·杂家类等等。"互著"与"别裁"是我国古代书目编制中两种不同的著录方法,早在刘向的《七略》中就使用过。"互著"是指同一部书在内容上涉及了不同学科的知识,于是在不同的部类中重复著录。"别裁"是指一书中有的章节内容可归入其他学科门类,将其单独析出著录他类。对这两种著录方式的优劣,学术界长期争论不休。单就《明志》而言,学者们一般都把重复著录作为它的缺点之一而加以批评,笔者对此有不同看法:"互著"这种著录方式,可以深层次、多侧面地揭示文献的主题内容,为读者提供多种利用和检索的途径,满足不同读者对文献的不同需求,充分体现文献的自身价值。特别是在西学东渐之后,古老的东方文明受到西方文化的强有力冲击,新兴学科不断涌现并相互交融,在文献内容上表现为由单一性向综合性发展。因此,"互著"这一倍受学者争议的著录方法,好像与社会的发展进步更为合拍,尤其是在科技发达的现代社会,此法在书目编制中应大力提倡。

其五,著录内容有较强的可靠性

《明志》的可信性,有赖于《千目》的良好基础。黄氏父子不仅是蓄书数万卷的藏书家,而且是学识广博的学者,特别是黄虞稷,于目录之学有很高的造诣,以布衣之身被荐入翰林院,并承担编修《明志》的重任,绝非徒有虚名。《千目》是以黄氏家藏为主体的，早在入明史馆之前，虞稷即对千顷堂藏书进行了大量的研究和整理工作，我们从书目中的小注即可看出他所下的功夫。《四库提要》在评《国史经籍志》时云："丛抄旧目，无所考核，不论存亡，率尔乱载……"而《千目》中所著录诸书，多系虞稷亲见，并经其亲手校订的，其可信度是较高的。后虽经王鸿绪删削而大为失色，但最终反映到《明志》上的，已是黄虞稷精研的成果了。王氏还对《千目》作了一些增补，其中主要是经部文献，而其来源是清初目录学家、经学大师朱彝尊的《经义考》。朱氏的学识久为天下学者所崇，其《经义考》更是与《千目》、钱曾的《读书敏求记》并称为康熙时期学术水平最高的三部目录，其可靠性自不必说。《明志》的编制，取《千目》而弃《文渊阁书目》《内阁藏书目录》《国史经籍志》及《明书·经籍志》，就足以说明《千目》的价值及可靠性了。既然《千目》具有良好基础，《明志》的可靠性也就不言而喻了。

三、《明史·艺文志》的价值

《明志》在目录学史上最大的贡献，就是开创了史志目录的一种新体例，只载一朝著作。其实，《明志》并非此体例目录之始作俑者，早在一千多年前的南北朝时期，就已有人尝试过这种体例了。南朝宋元徽元年（473），王室附马、秘书丞王俭主持撰成了《宋元徽元年四部书目》四卷。同年，他自己修撰的《七志》三十卷亦告成。《七志》是一部反映南朝宋时期典籍的极有价值的私家目录，它首创只记录当代著述的先例。而在史志目录中，《明志》则是这一体例的开山之作。采用此体例固然有其特殊原因，但也是目录学发展的必然结果。《明志》完成了开创目录学史新天地的这一伟大的历史使命，并对目录学以后的发展产生了极其深远的影响，实在是功莫大焉。在《明志》的影响下，一大批此类目录应运而生，如清人黄本骥所编《皇朝经籍志》六卷、姚振宗所编《三国志·艺文志》等一些补史志目录，以及《清史稿·艺文志》等，均仿尤其例。

《明志》对清中期兴起的补修史志之风影响甚著。许多学者都认为，《千目》和《明志》开清中期后的补修史志之风，笔者以为此提法未免太绝对了。我国的史志目录滥觞于东汉班固的《汉志》，其后《隋书》《旧唐书》《新唐书》《宋史》等一脉相绪，均置经籍志或艺文志。《宋志》所载止于南宋度宗咸淳年间，其后辽、金、元三史均不设"艺文志"，使纪有明一代著述之前留下一段空白。这就是补修史志之风兴起的直接原因。说《千目》是此风之始，是因为黄虞稷援《隋志》兼五代史志之例，将辽、金、元三代著述附于各类之末，为补前代遗厥作了有益的尝试。而这种尝试并非始于虞稷，远且不说，明代焦竑所编《国史经籍志》就补有不少前代著述。况且，此法亦非新生事物，而是我国古代目录的传统作法。但《千目》与《明志》于清代补修史志之风兴起的过程中所起的作用是不容忽视的。特别是《明志》，由于它打破了史志目录纪一代藏书之盛的传统作法，才激发了后人如此强烈的补志欲望，补修史志之举才能蔚然成风。在《千目》的影响下，从补辽、金、元三代入手，有清一代补成史志目录达二十余种，如卢文弨的《宋史艺文志补》《补辽金元艺文志》，吴骞的《四朝经籍志》，钱大昕的《补元史艺文志》，钱大昭的《补续汉书艺文志》等等。总之，清代补修史志之风，是在辽、金、元三史无艺文志的特殊历史条件下目录学发展的必然结果，而《千目》与《明志》于此是功不可没的。

《明志》在分类上表明了，传统的四部分类法已基本定型。四分法是以三国曹魏郑默所编《中经》为权舆的，此书早佚。西晋武帝时的秘书监荀勖，仿《中经》体例而成《中经新簿》，此目标志着四部分类法的诞生。所以，四分法是以郑默为开端，荀勖毕其功。《隋志》是史志中最先使用四分法的。四分法自诞生以来，一直是我国古籍目录分类的主流，到清乾隆时编《四库全书总目》（以下简称《四库》），发展到了辉煌的顶峰。从《明志》的分类上看，四分法已臻成熟，类目设置亦趋于稳定，为标志着四分法顶峰的《四库》奠定了基础，表现最明显的就是经部。经部文献的发展是有一个过程的。《庄子·天运篇》以《诗》《书》《礼》《乐》《易》《春秋》为"六经"。汉初《乐》佚，遂成"五经"。东汉增加了《孝经》《论语》，合为"七经"。唐初以《易》《诗》《书》《三礼》《三传》合称"九经"。唐文宗太和年间，增《论语》《孝经》《尔雅》，合为"十二经"。宋代又增《孟子》为经，至此，"十三经"形成，并成为经部文献的主体。宋代朱熹还将《学》《庸》《论》《孟》合称"四书"。但是，这些后来均成为定例的成果，在《宋志》中并未反映出来。《宋志》经部设"论语类"，而不设"孟子类"，《学》《庸》仍在《礼记》之中。《明志》在正史目录中首设"四书类"，此法为后来的《四库》所宗。将《明志》的类目与《四库》比较可发现，经部基本相同，只是前者的"诸经"变成了后者的"五经总义"。这说明四分法到《明志》时已成熟定型。虽然二目在史、子、集部的类目设置差别较大，但《四库》中的类目在此前的其他书目中已基本出现过了，《四库》只不过是择其善者而从之罢了。

　　《明志》还纠正了《千目》中的一些错误。虽然《千目》经王鸿绪一番大削大砍之后已失色不少，但从《明志》简单的著录中，仍能看出编者并非盲目抄录，而是经过了一番考订的。如《千目》卷十一子部·儒家类著录有黄柟的《泾禁子内篇》三十三卷，《明志》著录为吕柟《泾垫（野）子内篇》。吕柟为明代硕儒，字仲木，号泾野，正德三年（1508）进士第一，授编修，官至礼部侍郎。卒谥"文简"。"泾野子"即吕柟自号。此为《千目》之误。又如《千目》卷十一著录有于孔兼《顾学斋存语》二卷;《明志》著录为《愿学斋存语》。于孔兼字元时,号景素,万历八年(1580)进士,官至礼部仪制郎中。孔兼有堂名"愿学斋","愿"与"顾"繁体字字形相近,《千目》著录有误。凡此例例,《明志》纠正了《千目》中的不少错误,避免了以讹传讹。

四、《明史·艺文志》的不足

第一,分类方面的问题

《千目》的分类在明末清初私家目录中尚属良善之列,但问题也不少。《四库提要》就指出其在分类立目上的诸多不当之处:于经部"既以'四书'为一类,又以'论语''孟子'各为一类,又以说'大学''中庸'者入于'三礼'类中,分合殊为不当。乐经虽亡,而不置此门,则律吕诸书无所附,其删除亦未允也"。史部"于典故以外又立食货、刑政二门,则赘设矣"。子部"墨家、名家、法家、纵横家并为一类,总名杂家,虽亦简括,然名家、墨家、纵横家传述者稀,遗编无几,并之可也,并法家删之,不太简乎"。集部"制举一门可以不立。明以八比取士,工是技者,隶首不能穷其数,即一日之中,伸纸搦管而作者,不知其几亿万篇,其不久而化为故纸败烬者,又不知其几亿万篇,其生其灭,如烟云之变现,泡沫之聚散,虞稷乃徒所见而列之,不亦傎耶"。《明志》虽以《千目》为蓝本,但对其分类上的问题进行了许多有益的改进,显得更为整齐、合理。然而这些改进之后,并未使《明志》尽善尽美,存在的问题依然很多,主要表现在以下两个方面:

首先是**简略粗疏**。《明志》采用四部分类法,四部之下共分三十五个小类。在分类级次上,采用二级分类。以《明志》与其他史志目录比较可看到：有"史志目录鼻祖"之目的《汉志》，采用的是六分法，下分三十八个小类；《隋志》是四分法，四十个小类，在附录的道经中又分四小类，佛经又分十一小类，已初具三级分类的雏形；《新唐志》则首次采用了三级分类；就连在"二十四史"中编制质量最差的《宋史》，其《艺文志》也有四部四十五个小类。相比之下，在封建科学、文化高度发达的明代，新学科不断涌现，西学亦大举东渐，传播新学科、新知识的书籍也借助于雕版印刷术的成熟和繁盛而骤增，而记录和反映这一时期科学、文化成就的《明志》，却只有四大部类，三十五个小类，分类级次仅为二级，其粗疏与明代科学、文化的繁荣极不相称，这不能不说是一件憾事！在某些类目的设置上，也显疏略。如子部中无先秦诸子，交墨家、名家、法家、纵横家糅杂一处，设一"杂家类"。这一做法是承袭了《千目》的，《四库提要》曾予以批评。当然，这其中有其客观原因：汉武帝采纳了硕儒董仲舒"罢黜百家，独尊儒术"的主张，确立了"儒学"的正统地位，墨家、名家、纵横家等流派渐趋衰亡，其著述也日渐稀少，已不足以单设一类。但杂为一家，混淆了学术流派，湮没了目录之学"辨章学术，考镜源流"的根本作用。

其次是**混乱芜杂**。这一点在史部·正史类表现得最为突出。一般目录在此类中都收录纪传体史书，且将正史与编年分置两类，如《新唐志》《崇文总目》《遂初堂书目》《宋志》等等。《明志》则将编年体史书附于正史类，使正史中包括了纪传体和编年体两种体裁的史籍，并混杂一处。不仅如此，由于明人所著正史仅有洪武间宋濂等修的《元史》，对于前代诸正史的注解之作亦为数寥寥。为填充此类，遂将明代历朝实录（如《明太祖实录》《成祖实录》等）、明人所著宋、元、明时代的纪事本末体史书（如冯琦的《宋史纪事本末》、陈邦瞻的《元史纪事本末》等）、别史（如邓元锡的《函史》等），甚至一部分杂史（如《洪武圣政记》《永乐圣政记》

等）俱阑入其间，繁芜混杂，眉目不清。再如史部·谱牒类，收录年谱、姓谱，却不收目录类书籍，致使全志目录类书籍失载。

子部中问题也不少。如艺术类中，除收录有关骑射、书法、绘画、茶经、棋艺等类书籍外，还将医书附于其后，使医籍与琴、棋、书、画书籍并列，显得不伦不类。类书是我国工具书的一大类别，是我国古代百科全书式的资料汇编，因此按中国古籍的四部分类，无法确定其合适的归属。虽然《新唐志》确立了它在子部中的地位，但其类中所收诸书也是纷乱芜杂。如《宋志》中，把政书、丛书都归入类书；《四库》则把所有的姓氏书都归入类书类；《燕京大学图书馆目录》类书之部，更把姓氏书、政书、日用常识书都算作类书。《明志》亦如此，其类书类中就掺杂了诸如毛晋所辑《津逮秘书》、胡震亨所辑《秘册汇函》、屠隆所辑《汉魏丛书》等多部丛书。丛书与类书是两个截然不同的文献类型，以丛书作类书，显然是分类不当。

集部·总集类中，著录有陈子龙所辑《明经世文编》和黄维等纂辑的《历代名臣奏议》，都是政论集，归入史部似乎更为允当。

第二，著录方面的问题

首先是**著录错误**，大致可分为两种类型：第一种是《千目》原误，而《明志》未加详考即照录。如《千目》卷十六的子部·释家类，著录有释德清的《长松茹退》二卷。此书的真正作者不是释德清，而是释真可。该书卷端题"紫柏憨头陀真可著"。真可字达观，号紫柏，别号憨憨子，为明末高僧。德清与真可同时而稍后，亦为高僧，号憨山。《千目》著录此书为德清所作，是误把书中作者自称的"憨憨子"当作"憨山"的缘故。《明志》不辨其误而循之，显然是有失考证。

第二种是《千目》正确，而王鸿绪在删改时有误。将《明志》与

《千目》互校即可发现，这类错误为数不少。如《千目》卷十一著录有杨守阯，字维立，号碧川，鄞县人。成化十四年（1478）一甲二名进士，累迁翰林侍读学士、南京吏部右侍郎。年七十时进尚书，致仕。卒年七十七。著有《碧川文集》《浙元三会录》《困学寡闻录》等。可见，《明志》著录有误。再如《千目》卷三著录有李之藻的《同文算指通编》八卷，而《明志》著录此书为李瓒著。查李之藻字振之，仁和人，万历二十六年（1598）进士，官至太仆寺少卿，与徐光启笃信利玛窦之学。著有《新法算书》《天学初函》《同文算指通编》等。《明志》显然是张冠李戴了。

其次是**著录简单**。《千目》的著录项目依次是：著者、书名、卷数，并在大部分条目下作小字记注。小注内容主要是作者字号爵里、科名仕迹、成书年代及内容要旨等，这也成为该书目的一大特色。特别是小注中的著者小传，保存了大量的明人传记资料，其中很多人为《明史》所不载，对明史研究具有较高的利用价值。令人遗憾的是，《明志》没有继承《千目》的这一特色，删去了极有价值的小注，只保留了著者、书名和卷数，零星可见的小注也是只言片语，极为简略，与《千目》无法相比。另外，《明志》的著录方式是仿尤《新唐志》，先著录著者，后著录书名，于检索很不方便。

第三，诸多缺漏

《千目》著录明代著作一万五千四百零八种，宋、辽、金、元著作两千四百二十种，共一万七千八百二十八种。王鸿绪编《明史稿·艺文志》时，一方面将两千四百二十种宋、辽、金、元著作全部删掉；另一方面对明代著述亦大加斧削，最后仅存四千六百三十三种，只有原目的三成。到张廷玉等编制《明志》时，基本上是照搬了王稿，只是略作调整。所以，

《明志》虽号称纪明一代著述之盛，实则挹斗扬箕，名实不副，不足以全面反映明代的科学、文化成就。特别是王鸿绪在删改《千目》时，既不以著作良莠来衡量，又不以著作存佚残缺为标准，而是一味删削，致使数以千计的书目湮没于王氏笔下，着实令人扼腕痛惜！

综上所述，对《明志》的诸多缺点与价值的降低，王鸿绪是难辞其咎的。

五、《明史·艺文志》的版本与利用

《明志》除《明史》本以外，还有《八史经籍志》本、《中国历代艺文志》本、《历代经籍志》本和《丛书集成》本。

《明史》在"二十四史"中是一部质量较高的巨著，而作为其中重要部分的《艺文志》则相对逊色了，不足以反映有明一代的著述之盛。那么，我们应该如何利用《明志》，发挥它的最大价值呢？换句话说，我们要想全面了解明代的著述情况，以及明代的藏书情况，该怎么办呢？很显然，单纯地依靠《明志》是远远不够的，要借助于其他书目，吸取它们各自的优点与长处，做到优势互补。首先要利用的就是《千目》。它保存了大量的明人著述，我们不仅可以从中了解到明人著述的大致情况，而且其内容丰富的小注，在目录学和史学上都具有较高的价值。经部文献可参考朱彝尊的《经义考》。此书体例完备，内容网罗宏富。据王重民先生考证，王鸿绪在编制《明史稿·艺文志》时，增加了许多经部内容，其中绝大多数都是照抄《经义考》的。史部文献中，《明志》谱牒类不收目录类书籍，致使全志目录类书籍失载。这方面可参考日本目录学家长泽规矩也先生的《中国版本目录学书籍解题》及黄山书社出版的《明清书目研究》。前者收录自《七略》至 20 世纪 30 年代止的各种书目五百余部，读后可粗知中国目录学之源流。从解题中，不但可以了解著者、书目特点、价值等内容，下面还附有此书目的各种版本。后者则是专门研究明清书目的最新成果。方志类文献可参考朱彝尊的《前明州郡志目》及北京图书馆出版社（原书目文献出版社、现国家图书馆出版社）出版的《天一阁藏方志目》。二目中收录有大量的明代方志。《千目》是收录明人集最多的目录，仅明别集就著录了四千九百余种，难怪连文坛泰斗钱谦益，采诗之役尚要借助于千顷堂藏书。此外，清人沈复粲著《鸣野山房书目》五卷，收录了不少明人文集，其中有一些《千目》中未著录的稀见本，且标明作者年代、籍贯，有一定参考价值，可补《千目》之不足。而要了解明代的藏书情况，像傅维鳞的《明书·经籍志》、明代王圻的《续文献通考经籍考》、清乾隆中官修的《钦定续文献通考经籍考》、焦竑的《国史经籍志》以及清代宋定国、谢星缠合编的《国史经籍志补》等，都是可供参考的。

　　文章写到这里，不知是否总结全面了。由于笔者水平所限，文中难免会有疏漏之处，还请方家多多指正。

参考文献：

1. 严佐之著《近三百年古籍目录举要》（华东师范大学出版社 1994 年版）

2. 来新夏主编《清代目录提要》（齐鲁书社 1997 年版）

3. 张大可主编《中国历史文献学》（陕西人民教育出版社 1991 年版）

4. 周少川著《古籍目录学》（中州古籍出版社 1996 年版）

5. 戚志芬著《中国的类书、政书和丛书》（商务印书馆 1996 年版）

6. 陈垣著《中国佛教史籍概论》（中华书局 1963 年版）

7. 王重民《〈明史·艺文志〉与补史艺文志的兴起》(《图书馆学通讯》1981 年第 3 期)

8. 张明华《〈千顷堂书目〉的源流》(《文史》第二十辑)

(发表于《王重民先生百年诞辰纪念文集》，北京图书馆出版社 2003 年版)

附记：

本文是我大学本科的毕业论文，指导教师是王锦贵老师。看到公布的论文选题，只有这一个题目是与古籍有关的，我别无选择。规定本科毕业论文重在考察对资料的收集、整理和描述，不要求有观点上的创新。字数不得少于七千字。题目确定后，我试着先查了一下资料，发现关于《明史·艺文志》还没有全面、综合性的论述，资料少而零散。我立时感到心情有些沉重，就暂时把它放下了。转眼就到了新一年的三月，离毕业不到 4 个月了。一天，上秦铁辉老师的课，课间休息时一同学问我："班长，论文写怎么样了？"我叹了口气，一脸愁苦地回答："还没动手呢。"不想此话被秦老师听到了，上课后，他没有再讲课，而是针对我刚才说的那句话，把我狠狠敲了一节课。最打击我的、足以使我崩溃的一句话就是："我听说我们有的同学到现在毕业论文还没动笔呢，那他可完了！"下课后，我赶紧去系里，找王老师求救。我摆出了我的"困难"，一是资料少，二是时间紧，恐达不到字数要求。王老师微微一笑，不紧不慢地说："资料少不假，这也正是我出此题目的原因。怕写不够字数，你可以用比较法呀，拿前史艺文志与《明史·艺文志》进行比较，这样字数不就多了嘛。"我差一点儿没晕过去，心想还不如不来呢，不但没捞到救命稻草，反而是火上浇油。我《明史·艺文志》都还来不及看，哪有时间去看其他正史艺文志啊？我步履沉重地离开了系里，现在只有靠自己了。还好，拼了两个月，论文终于完成了，不但达到了字数要求的最低线，还"超额"了三千多字。最后，我的毕业论文还得了本届的最高分。1999年，我把这篇论文投到《中国典籍与文化》发表了。因为该刊稿件字数限定在七千字以内，所以对全文进行了删节。

最有意思的是我到《中国典籍与文化》编辑部领稿酬，会计将我上上下下、前前后后打量了好几遍，满脸的怀疑，问我是不是作者本人。我回答"是"，并把工作证掏出来让会计验看。会计仔细对照了半天，噗嗤一下笑出了声，一边把工作证递还给我，一边面带歉意地笑着说："我还以为作者是个老学究儿呢！"听罢此言我一下子愣住了：原来我从事的事业是"夕阳红"事业啊！

2003年，是北大图书馆系创始人、著名文献学家王重民先生诞辰一百周年，母系和北图联合举办了纪念活动，并出版了《王重民先生百年诞辰纪念文集》。因为在撰写毕业论文时，主要参考资料都来自王重民先生的文章，所以我将此文全文投给了这本《文集》，也算是我对前辈表达的一份敬意吧。

该文虽无创见，但应该是第一篇全面评述《明史·艺文志》优劣的文章。凭借此文，我在古籍圈儿里开始有了点儿小名气。

泾川朱氏及其家谱、藏书楼

一、泾川朱氏源流

　　和中华民族大家庭的其他姓氏一样，朱姓的起源也有多种说法，但最主要的有两种：

　　（一）曹姓说。朱氏本曹姓，乃颛顼之后。唐林宝所著《元和姓纂》云："朱，颛顼之后。周封曹挟于邾，为楚所灭，子孙去邑以为氏。"颛顼是我们所称的"三皇五帝"中的"五帝"之一，高阳氏，相传为黄帝之孙，昌意之子，被奉为华夏民族的人文初祖之一。颛顼第五子曰卷章。卷章生二子，次曰吴回。吴回传陆终。陆终生六子，第五子曰晏安，因辅佐大禹治水有功，被封于曹（今山东曹县一带），遂以国为氏。历夏、商两朝，传至商朝末年，晏安之后有名曹挟者，辅佐周武王兴兵伐纣，建立周朝。因战功卓著，论功行赏之时，曹挟被封于邾（今山东邹县一带）。其都城即今山东曲阜东南之南陬村，后迁都于绎，即今山东邹县之东南，故又称邹国，亦称邾娄。邾国地狭人疏，国力薄弱，为保国泰民安，曹挟采纳了大臣赢匡的建议，依附于强邻鲁国以为附庸，并再次以国为氏，易曹为邾。东周时期，诸侯争霸，强大的齐国异军突起，齐桓公励精图治，终成霸业。

此时邾国的国君是邾仪父，他于鲁隐公元年（前 722）会盟于蔑（即姑蔑，地在今山东泗水县东），数次追随齐小白尊王攘夷，因此进为子爵。眼见齐桓公成为诸侯霸主，齐国势力大盛，邾仪父遂又转投齐国的庇护之下，称臣纳贡，邾国又成了齐国的附庸。仪父传籧篨，籧篨传貜且，貜且传牼，牼传华，华传穿，穿传益，益传革，革传茅成子，邾国在齐国的庇护下，着实过了一段安稳日子。此时已至战国中期，楚国势力强大起来，楚宣王兴兵东征，邾国国小势微，寡不敌众，城破国灭。邾国王室群臣、黎民百姓纷纷逃亡，为避仇，也为感念亡国之痛，邾氏子孙遂去邑以为氏，这就是朱姓的由来。另据《史记》记载："朱氏之先，春秋邾子之国，为鲁所并，子孙去邑氏朱，窜居于鲁。"这与《元和姓纂》所载邾氏因灭于楚而去邑氏朱的说法不同。被楚宣王所灭的邾氏后裔，国灭后纷纷逃亡，其中一部分迁居到了今湖北黄冈县。据《元和郡县志》卷二十八"黄冈县"条云："故邾城在县（黄冈县）东南一百二十里，古邾国也。后为楚所灭，汉以为县。"可见，邾城之名即由此而来。汉代在此设邾县，邾城即为其治所。另有一支逃到泰山附近，卧薪尝胆，希图复国。但终因势单力薄，复国之愿未遂。眼见复国无望，这支朱氏子孙二百年后移居沛国相县。

（二）子姓说。据《新唐书 · 宰相世系》所载，朱氏世居沛国相县，即今安徽濉溪县西北。此后枝分派别，繁衍蔓延于天下。《东汉纪》云："朱氏出自微子之后，国灭，易姓为朱。武帝朝，朱买臣守会稽，故会稽朱氏宗焉。唐太宗朝，朱子奢以明经为弘文馆学士，家于苏，故苏之朱氏宗焉。"但《东汉纪》所说的出自微子的朱氏，与上文所说的邾国后裔并非出自同一姓源，而是出自子姓。"微子开者，殷帝乙之首子，而纣之庶兄也。"[①]"微

① （唐）张守节撰《史记正义》卷三十八。

国号，爵为子，启名。"①也就是说，因微子受封子爵，故其后裔以爵为氏。据《后汉书·朱晖传》中唐章怀太子李贤注云："《东观记》曰，其（即朱晖，字文季，后汉南阳宛人，官临淮太守、尚书令）先宋微子之后也，以国氏姓。周衰诸侯灭宋，犫砀（即豫东砀山一带），易姓为朱，后徙于宛也。"②宋国是春秋时被齐国所灭。又据《蔡中郎集》所云："忠文朱公名穆，字公叔，有殷之胄。微子启以帝乙元子，周武王封诸宋（今河南商丘一带），以奉成汤之祀。至元子启生公子朱，其孙氏焉。后自沛迁于南阳之宛……"③朱穆，朱晖之孙也。

但不管是曹姓说还是子姓说，朱氏的郡望都集中在了沛国，此外还有丹阳、永城、吴郡、钱塘、义阳、阳夏、河南等。泾川朱氏后人、嘉庆七年（1802）进士朱琦亦云："朱之族望为沛国，为吴郡，厥后丹阳、钱塘、义阳、永城、太康各以望著……自徽国文公崛起新安，于是茶院一支独显。"④传至唐天祐中，有名朱瑰者，在歙州刺史陶雅属下为官。陶雅初克婺源，命朱瑰领兵三千戍之，为弦高（婺源治所）督，是为制置茶院府君。茶院公卒葬连同，子孙因家焉。南宋著名理学家朱熹，为福建政和朱氏，一生主要活动亦在福建，但他亦自称为婺源人。朱熹尝云："熹闻之先君子太史吏部府君曰，吾家先世出歙之黄墩，相传望出吴郡，秋祭率用鱼鳖。"⑤政和朱氏之始迁祖为茶院公之八世孙，朱熹之父朱松。朱松（1097—1143）字乔年，号韦斋，婺源人。政和八年（1118）进士，

　①　（唐）司马贞撰《史记索隐》卷一。

　②　（南朝宋）范晔撰《后汉书》卷七十三，列传第三十三。

　③　（后汉）蔡邕撰《蔡中郎集》卷六之《朱公叔鼎铭》。

　④　清道光五年（1825）朱琦撰《新修张香都朱氏支谱序》，北京大学图书馆所藏清道光五年刻本《泾川张香都朱氏支谱》。

　⑤　宋淳熙癸卯（淳熙十年，1183）朱熹撰《文公修谱序》，北京大学图书馆所藏清道光五年刻本《泾川张香都朱氏支谱》。

除秘书省正字，累官司勋吏部郎，世称吏部府君。曾官福建建宁政和县县尉，其家亦因此而迁居于此。可见福建政和朱氏出自婺源朱氏，这也就是朱熹自称为婺源人的原因。朱松在政和尉任上时，勤勉任事，颇有政声，民赖以安。其为官清正廉洁，两袖清风，其父朱森卒后，竟因家贫而不能归葬故里，只得薄葬于政和县护国寺西。守孝期满，改尉尤溪。朱熹即于建炎四年（1130）九月十五日生于尤溪县之郑氏馆舍 [①]。据此推算，朱松迁闽的时间应在政和八年（1118）至建炎四年（1130）之间，具体地说是在北宋宣和年间。

茶院公原居苏之洗马桥，避地始迁歙之黄墩。唐天祐中以陶雅之命戍婺源，才由黄墩迁婺。茶院公第二十世孙、上饶判簿朱爵云："传至南唐师古公，自金陵避乱，家于歙之黄墩。其子瑰公，因刺史陶雅命领兵三千镇婺源，遂家焉，是为制置茶院府君。" [②] 南唐为公元 937 年徐知诰（即李昪）所创建，公元 975 年灭亡。天祐（904—907）为唐昭宗、哀宗年号。父于南唐避乱迁居歙之黄墩，子却于唐天祐中家于婺源，显然是自相矛盾。因现存泾川朱氏谱牒皆以茶院公为始迁祖，其父师古公事迹无传，故难审其详。茶院公传廷隽，廷隽传昭元，昭元传惟则、惟甫。惟则之后世居长田，是为长田派。惟甫传振，振生纬、绚、发、举四子。长子纬一名中立，号拙翁，历官于淮，道归过泾，信宿于丰登之乡，见其土地沃饶，山水明秀，因谓子旦曰："居此则后其昌乎！"遂率子迁居泾之张香都，朱纬即为泾川朱氏之始迁祖，亦为张香派之始祖。关于迁泾的时间，《上海图书馆馆藏家谱提要》云在北宋中叶。文

---

① 李熙纂修，民国八年（1919）铅印本《政和县志》卷二十五之《循吏传》。

② 嘉靖庚子（嘉靖十九年，1540）朱爵撰《张香重修族谱原序》，北京大学图书馆所藏清道光五年（1825）刻本《泾川张香都朱氏支谱》。

公第十八代孙朱世润曰："自南宋迁泾，开族于张香。"① 纬公生于嘉祐四年（1059）己亥二月初二，卒于建炎三年（1129）己酉，寿七十二。旦公生于元丰四年（1081）六月廿七日，卒于绍兴庚午（绍兴二十年，1150）。据此推算，纬公父子迁泾的时间大约在北宋末年或南宋初年，朱世润所言不谬。

朱氏在 14 世纪中叶达到一个辉煌的顶点。公元 1368 年，四十一岁的朱元璋在应天（今南京）举行登基大典，建立明朝，朱氏荣为国姓。考朱元璋家世，祖籍亦在沛国相县。到其祖父辈，因家贫而一再举家迁徙流转，最后定居濠州（今安徽凤阳）钟离太平乡孤庄村。沛国相县即今安徽濉溪县西北，但很多文献都将其误作江苏沛县。

二、泾川朱氏家谱

泾川朱氏修谱古已有之，上自颛顼，下至茶院，记载详明。朱熹云："连同别有朱氏，旧不通谱。近来乃有自言为茶院昆季之后者，犹有南唐谱牒，亦当时镇戍将校也。盖其是非不可考矣。"② 这恐怕是茶院一支最早的修谱记载了。淳熙丙申（淳熙三年，1176），朱熹还归婺源故里，遍寻先祖兆域不获，痛感世次之易远，骨肉之易疏，而坟墓之不易保也。故而于癸卯（淳熙十年，1183）五月，细阅旧谱，又更为序次，定为《婺源朱氏世谱》，并撰写序言。另别录一通，以示徽、建二族人。

朱熹所定《婺源朱氏世谱》，其谱法谨遵苏洵之义，所谓"断自可知

---

① 乾隆三十年（1765）朱世润撰《乾隆乙酉重修宗谱序》，北京大学图书馆所藏清道光五年（1825）刻本《泾川张香都朱氏支谱》。

② 淳熙癸卯（淳熙十年，1183）朱熹撰《文公修谱序》，北京大学图书馆藏清道光五年（1825）刻本《泾川张香都朱氏支谱》。

而无疑者始"，以茶院为始祖。自此而后至明嘉靖，泾川朱氏纂修谱牒皆遵朱文公之例，以茶院公为始祖，以七世为图，大、小宗之义未著。嘉靖庚子（嘉靖十九年，1540），朱氏族人延请游北涯重修旧谱，始改谱式为欧阳式，以五世为图，此后纂修皆循此例。

据《中国家谱综合目录》①著录，已知现存泾川（县）朱氏家谱共计12种，其中中国国家图书馆（以下简称国图）藏有五种，北京大学图书馆与上海市图书馆各藏有四种，现将知见各谱的情况简述如下：

1.《泾县张香朱氏家谱》七卷，明游轮（字北涯）纂修，明嘉靖十九年（1540）家刻本，一册。这是现存泾川朱氏家谱中版本最早的一种，现藏国图。游北涯同年所撰《重修宗谱后序》云："张香朱氏始祖纬公，与吾婺源之阙里同五世祖，亦已会通茶院府君之旧谱久矣。天顺间方纯实已尝为修辑之，但其式不准欧，文辞鄙俚。经数十年来，云仍益繁，而迁居散处者益多。今以其所修旧谱，延予来重修之。主之以判簿君良贵，分任之以聪钊……等。经始于己亥（嘉靖十八年，1539）十有一月，越明年二月告成。"由此可知，该谱并非游北涯独力之作，主事者乃判簿君良贵，另有众族人分任谱事。

2.《泾川朱氏宗谱》七卷，明朱爵纂修，明嘉靖间刻本。该谱现藏南京市图书馆。游北涯嘉靖十九年（1540）撰《重修宗谱后序》云："今以其所修旧谱，延予来重修之。主之以判簿君良贵，分任之以……"朱爵撰《张香重修族谱原序》末署上饶判簿，且序年与游序同，故意这位修谱主事判簿君良贵即上饶判簿朱爵。查朱世润等修清乾隆三十年（1765）刻本《泾川朱氏宗谱》，张香二甲李村园派第二十世有朱爵，谱

---

① 国家档案局二处、南开大学历史系、中国社会科学院历史所图书馆合编，中华书局1997年版。

名天爵，"字良贵，由邑庠入太学上舍，监满授上饶判簿。嘉靖己亥（嘉靖十八年，1539）敦请星源北涯游先生修辑宗谱。"由此证明上述推断是正确的。且该谱亦为七卷，与游北涯所修《泾县张香朱氏家谱》同，据此断定：此二谱应该是同一版本。

明天顺六年（1462），朱永宗、灏渊、道真、达真叔侄亦曾修谱，并请同邑姻家、景泰五年（1454）进士、奉直大夫、户部郎中赵昌为之序。该谱惜已不传。

3.《泾川朱氏宗谱》十六卷，卷首、卷末各一卷，清朱世润等修，清乾隆三十年（1765）刻本，十五册。该谱国图、河北大学图书馆及本馆均有收藏。本馆将领衔修谱者朱世润误作朱润。卷首有新序二篇、旧序六篇、凡例引言、修辑名目、宗谱总目和山川人物等；卷一为世系源流、茶院本宗、泾川宗派以及长田、建阳、阙里、西里村、临溪、月潭、环溪、青阳、张香、花林、张香七甲（启宗公后）等各派；卷二为张香二甲；卷三为张香五甲、四甲、七甲（肇宗公后）；卷四为张香七甲（胜宗公后）；卷五为张香六甲（道真公后）；卷六为张香七甲（永宗公、亨宗公后）；卷七为张香三甲、六甲（观奴公后）、张香七甲（旧谱福海公养子附）；卷八为张香九甲；卷九为花林九甲、十甲（中宅龙坦派、迁霍山三派）、七甲、十甲（朱村派）；卷十为花林十甲（中宅琴堂上、下分派、迁铜陵派、迁宣城竹丝坝派）；卷十一为花林六甲、四甲、三甲；卷十二、十三为大传赞；卷十四为小传赞、像赞；卷十五为文翰杂著、诗赋；卷十六为宗祠图、墓图、给谱字号、新谱后跋。卷首首叶钤有"伦字号"朱记，据"给谱字号"所载，该谱是由张香七甲胜宗公派佛渊公支下武恭收执的。朱世润等在修谱时，对旧谱进行了精审。与旧谱不同的是有所增益，"自元代复迁徽婺受袭阙里者，补续之。"

4.《泾川朱氏支谱》八卷，卷首、卷末各一卷，清朱武考、朱月庭等纂修，清乾隆三十九年（1774）刻本。国图及本馆有藏。卷首有新序、告庙文、修辑名目、凡例；卷一为古牒名迹、旧序六篇、世系源流、排行诗、本始图、惇叙九族图、图说；卷二为茶院本宗；卷三为淮公世系；卷四、五为雄公世系；卷六为大传赞、小传；卷七为用铿公家庙图、墓图、文峰公像赞、村图等；卷八为咏古迹诗、屏山四景诗、文公格言、给谱字号；卷末为新谱后跋。卷首首叶钤有"节字号"朱记，据"给谱字号"所载，该谱是由屏山九房明逊公派安太收执的。

5.《泾川朱氏支谱》存二卷，清朱绂等修，清乾隆四十三年（1778）刻本。该谱现藏安徽省徽州地区博物馆，未见。

6.《泾川朱氏支谱》十卷，卷首、卷末各一卷，清朱武江、朱炳等纂修，清乾隆四十四年（1779）刻本，四册。河北大学图书馆及安徽省博物馆有藏，未见。

7.《泾川朱氏支谱》四卷，卷首一卷，清朱安尧主修，清朱一赐纂修，清乾隆四十五年（1780）木活字本，一册。该谱现藏上海市图书馆及安徽省博物馆。卷首为新旧谱序；卷一为世系源流；卷二、三为世系；卷四为家传和治家格言。该谱一以地域为限，凡居泾者，无论迁来先后，始祖异同，皆列以表之①。

8.《泾川张香都朱氏支谱》三十三卷，卷首、卷末各一卷，清朱珋纂修，清道光五年（1825）刻本，八册。该谱上海市图书馆、中国社会科学院历史所图书馆、安徽省图书馆、本馆及美国有藏。卷首有旧传名迹、旧序七篇、新修支谱凡例；卷一为世系源流、张香支派、本宗世系；卷二为成叔公谱二十世至二十四世；卷三为长房谱公派下各支；卷四至二十为二房枬公派下各支、各房；卷二十一至二十四为三房材公派

---

① 上海图书馆编，王鹤鸣等主编《上海图书馆馆藏家谱提要》，上海古籍出版社2000年版。

下各支；卷二十五为四房宋公派下各支，另有补道光五年（1825）十月以前生卒表；卷二十六、二十七为传略铭赞；卷二十八为县志附录、续县志附录、甲科贡衿录；卷二十九、三十为墓图；卷三十一为祭田；卷三十二为祠堂图、村图、书馆图；卷末为文公家训、柏庐先生治家格言、白鹿洞教条及给谱字号诗。该谱共八册，第一册为卷首、卷一至六，卷首首叶钤有"惇字号""道光八年（1828）三月公验""朱芝根章""培之"等朱记。据"给谱字号"所载，该号由二房栢公派下绪公支棋公收执，朱霭手领。第二至五册为卷七至二十六，每册首叶钤有"裔字号""道光八年（1828）三月公验""道光九年（1829）三月覆校""道光二十二年（1842）二月三校""道光壬寅年（道光二十二年，1842）奉宪示严禁私押违者与受均请官究""道光二十六年（1846）仲冬月四校"等朱记。据"给谱字号"所载，该号由二房栢公派下纶公支庆霑公房安渭公收执，朱蔼手领。第六册为卷二十七、二十八，首叶钤有"载字号"朱记，其余朱记与第二至五册同。据"给谱字号"所载，该号由二房栢公派下纶公支庆霞公房荪公收执，朱一相手领。第七册为卷二十九至三十一，亦为"裔字号"，首叶所钤朱记与第二至五册同。第八册为卷三十二、卷末，首叶钤有"言字号"朱记，其余朱记与第二至五册同。据"给谱字号"所载，该号由二房栢公派下绅公支樊公收执，朱玕手领。"给谱字号"末有木记二，一为"言字号（朱记）给□手领"，墨笔填"玕"字；二作"谱既成，因间有讹字，合族公议校正，自后届期遵验，无得异言"。

9.《新修张香都朱氏支谱》六卷，清朱武玕等倡修，清朱一彬纂修，清道光六年（1826）刻本，六册。该谱现藏国图和上海市图书馆。该谱为张香都七甲支谱，卷一为新旧谱序、传记；卷二为张香宗派、泾川宗派；卷三至五为年表；卷六为祀产、跋语。

10.《泾川朱氏支谱》十二卷，卷首、卷末各一卷，清朱益斋、朱益商等修，清光绪二十八年（1902）刻本，六册。该谱为清乾隆四十三年（1778）朱庆应始修，现藏中国社会科学院历史所图书馆。

11.《泾川张香都朱氏续修支谱》三十六卷，卷首、卷末各一卷，清朱彝纂修，清光绪三十二年（1906）刻本，十册。该谱为现存泾川朱氏谱牒中流传最广的一种，国家图书馆、上海市图书馆、中国社会科学院历史所图书馆、北京大学图书馆、南开大学图书馆、吉林大学图书馆、南京大学图书馆、江苏省苏州市图书馆、安徽省图书馆、安徽省博物馆、安徽省泾县档案馆及日本、美国的部分图书馆均有收藏。其谱名取自书签题。卷首有原序、原跋、旧传名迹、先世遗文、旧序七篇、乙酉（道光五年，1825）新修支谱凡例（续修增附）；卷一为世系源流、谨案、续辨三篇（据《小万卷斋文集》增入）、张香支派、本宗世系；卷二至三十为分房世系；卷三十一为传略铭赞；卷三十二为县志附录（续县志、省志附）、甲科贡衿录、耋寿录、节孝录；卷三十三、三十四为墓图；卷三十五为祭田；卷三十六为祠堂图、村图、书馆图、各记；卷末为文公家训、柏庐先生治家格言、白鹿洞教条、给谱字号。内有俞樾所撰谱序。始迁祖纬，茶院使君瑰六世孙，北宋中叶率子旦自婺源徙居泾县丰登乡，即张香都。每册封皮题签钤有"维字号"朱记，据"给谱字号"所载，该谱是由长房庆霞公派下安润公支修公房收执的，朱耀宗手领。

12.《（安徽泾县）朱氏一线谱》，不分卷，清抄本，四册。该谱现藏中山大学图书馆，未见。

三、泾川朱氏藏书楼

泾川朱氏与朱熹同宗，皆出于婺源。在一代硕儒道德文章的影响之下，泾之朱氏始终恪守忠孝礼义、诗书传家之道，渐成皖南之名门望族。泾川朱氏尤其重视教育，捐田输资，设塾置馆，购书以藏，造就后学，懿行为世人传颂。培风阁、松竹轩、小万卷斋成为闻名遐迩的藏书楼，泾川朱氏也成为清代晚期有名的藏书世家。

道光五年（1825），茶院公第二十九世孙朱珔所修《泾川张香都朱氏支谱》刊成，其中卷三十二有"书馆图"七幅，并分别附有图记，对泾川朱氏藏书楼记之甚详。这七座书馆分别为：培风阁、松竹轩、板桥别墅、绿竹山房、岫列轩、肆雅堂和漱六堂。在家谱中记载宗族的私家藏书楼，而且是图文并茂，这在历代谱牒中实不多见，因此该谱明显带有修纂者朱珔浓重的个人色彩和醇厚的文化韵味。

培风阁建于乾隆年间，为珔之高祖朱纶所构，最初不过平壤四五所而已。珔之曾祖朱武勋继而增构，遂成培风阁。朱珔所撰《培风阁记》，对培风阁的记述甚详："培风阁，我族藏书授读之处也……先是，高祖世美公（朱纶）存田（一亩九分）构馆，乾隆壬午（乾隆二十七年，1762）工始集，然仅平壤四、五所。未几，曾祖乡贤公（朱武勋）裔，肆业者尤繁。丁亥岁（乾隆三十二年，1767），遂缘坡增购区。戊子（乾隆三十三年，1768）营创，起阁当中央，崒然林表，轩豁呈露，观者麇至，声大噪，因并曩之馆统被阁名。故馆与阁虽分，而推我高祖奖育才俊，凡子弟能读书，胥隶其间。……综上下计之，址盖八亩有奇（乡贤公六亩四分）。窃维培风之义，本庄周书，世人多借喻显达，而或昧厥原。今夫鲲鹏之奋溟池也，视蜩鸠抢榆枋，相去殆不可数计。然至奋而愈高，必罡风鼓之，故曰风之积也不厚，则其负大翼也无力。培者积之谓也，虽天亦积气所致，而何论人物。方其击三千，搏九万，惟培始基……阁中书三万二千余卷，并出乡贤公，钤之印，曰'东园遗泽，以杜私据'。"乾嘉时期的著名学者洪亮吉还专门为培风阁撰写了《藏书记》，中云："培风阁者，黄田朱氏藏书之所也。朱氏旧自婺源徙泾，在宋为徽国文公近支家有赐书。历世以来，并善搜藏，至静斋（即朱理）、兰坡（即朱珔）两太史昆仲，衰辑益富，因仿秘阁之例，以经、史、子、集列作四厨分贮焉，今培风阁左右庋置者是矣。"逾数十年之乾隆末年，族人又建松竹轩。朱珔所撰《松竹轩记》云："培风阁之建也，逾数十年，势复苦促狭。乾隆戊申（乾隆五十三年，1788），族人约别创德星堂新宅，离阁远，时值雨雪，往还颇艰。因于堂西南卜壤，重置斋馆，而颜曰'松竹轩'……右有藤花吟舫，余授经之室。"轩内藏书七千余卷。板桥别墅、绿竹山房均为子弟读书之所。岫列轩为朱芝亭读书处，轩左有寻乐堂，为其父及大伯父筑以教子孙者。肄雅堂为珔之族父义园公（名绍陈，一名大，字义园。二房柏公派下绪公支二十八世安字派，有懿行，详见《泾县志·人物·懿行》）①之家塾，"于乾隆丙申（乾隆四十一年，1776）独力营创，逾年竣，贮书数千卷。"②"漱六堂者，师俭村右偏书室也。初，先君子居家教授，先祖岁敛其馆谷为之息，命曰'奖贤居'。嘉庆改元（嘉庆元年，1796），公老矣，子姓繁，向时书室不足容，始命诸兄彻而新之……。漱六堂，堂五楹，面西，左右有室。又为室者三，右抱之。其上为楼，中龛文昌像，旁贮古今书千卷。"③

朱珔（1769—1850）是这一藏书世家的代表人物，字玉存，一字兰坡，嘉庆七年（1802）进士，授翰林院编修，累官至右春坊右赞善。所著有《说文假借义证》《文选集释》《小万卷斋集》等，编有《国朝古文

---

① 详见《泾县志》卷十九上。《泾县志》，清李德淦等修，清嘉庆十一年（1806）刻本。

② 清道光四年（1824）朱珔撰《肄雅堂记》，北京大学图书馆所藏清道光五年（1825）刻本《泾川张香都朱氏支谱》。

③ 清道光乙酉（道光五年，1825）朱作霖撰《漱六堂记》，北京大学图书馆所藏清道光五年刻本《泾川张香都朱氏支谱》。

汇抄》。朱琦爱书如命，建小万卷斋以蓄经籍，其自藏加祖辈所遗培风阁、松竹轩所藏，共有十万余卷之巨，富称一方①。十数万卷之藏是个什么概念呢？江苏常熟瞿氏铁琴铜剑楼、山东聊城杨氏海源阁、浙江杭州丁氏八千卷楼以及浙江归安（今湖州）陆氏十万卷楼，素有"晚清藏书四大家"之目，泾川朱氏之藏与之同时，我们不妨作一横向比较：铁琴铜剑楼的创始人是瞿绍基，历经五代，绵延一百五十余年。铁琴铜剑楼藏书难以计数，据清人黄廷鉴所作《恬裕斋藏书记》所载，第一代瞿绍基时即已"积书十万余卷了"②。聊城杨氏海源阁是清代北方最大的藏书家，与瞿氏铁琴铜剑楼并称，时有"南瞿北杨"之誉。海源阁藏书多达三千七百种，其中普通古籍为三千二百三十六种，二十八万八千三百余卷；宋元善本四百六十四种，一万一千三百二十卷③。八千卷楼的创始人是丁国典，而将其发扬光大的是其第二代传人——丁申、丁丙兄弟。在兄弟俩的肆力访求下，八千卷楼藏书达二十多万卷④。陆氏十万卷楼聚书亦达十五万卷以上⑤。泾川朱氏之藏虽难与"四大家"相颉颃，然亦"高出寻常收藏家万万"⑥，堪称一方之巨擘。

清光绪三十二年（1906）刻本《泾川张香都朱氏续修支谱》卷三十六亦有"书馆图"，其中《培风阁图》附记、《松竹轩图》附记、《板桥别墅图》附记、《绿竹山房图》附记与道光五年（1825）刻本《泾川张香都朱氏支谱》同。新增《聚星堂图》附记，另《来青书屋记》《来青书

---

① 梁战、郭群一编著《历代藏书家辞典》，陕西人民出版社1991年版。

② 《第六弦溪文抄》卷四。

③ 徐凌志主编《中国历代藏书史》，江西人民出版社2004年版。

④ 同上。

⑤ 同上。

⑥ 缪荃孙《艺风藏书续记》言仁和（今杭州）朱氏结一庐藏书语。结一之藏跻身咸丰年间私家藏书三甲之列，其数量与泾川朱氏之藏相埒，由此可见泾川朱氏藏书之富。

屋后记》《师范堂记》《征远堂记》《继范堂记》《资读庄记》有记无图。

亦藏亦教，藏用合一，这是泾川朱氏藏书楼的一大特色。在这里，藏书不再仅仅是藏家赏玩的古董；藏室亦不再是单纯的书库，而是变成了教授族人的课堂。中国古代私人藏书楼的管理方式多属于封闭式的，历来重藏轻用，将藏书束之高阁，秘不示人。泾川朱氏这种书馆式的藏书楼，打破了中国古代私人藏书楼的传统模式，开始向具有较强的公共性、教育性的近代公共图书馆的模式转化。在中国古代藏书史上，研究者都将"中国第一个开放型的私人图书馆"的美誉归于徐树兰[①]的古越藏书楼，殊不知在半个多世纪之前的泾川朱氏家族，对私人藏书楼教育功能的意识就已存在了，这对于一个深受千百年儒家理教思想熏沐的封建世族大家来说是极其难能可贵的。其思想之开明、意识之超前，着实令后人感佩。

（发表于《明清安徽典籍研究》，黄山书社 2005 年版）

附记：

本文的撰写，源于一次读者服务。那是 2003 年上半年，姚伯岳老师交给我一个任务，为一位外地读者复制资料。这位读者就是天津图书馆的刘尚恒先生，我们的前辈系友。要复制的资料就是《泾川张香都朱氏支谱》中的几张图。打开此家谱后发现，其中竟有许多关于泾川朱氏藏书楼的记载和图，这在家谱中实不多见。正巧 2003 年的文献会年会由安徽大学承办，这是我入会后第一次参会，正为提交论文的事发愁呢，于

---

① 徐树兰（1837—1902），字仲凡，号检庵，浙江山阴人。

是便选定了这个题目，而且是出发前的最后一刻才完成的。那一年，安徽大学的徽学研究中心被教育部挂了黄牌儿，为扭转局面，安大做出了多方面的努力，包括承办那年的文献会年会，以及出版一系列的古籍整理方面的图书。我为此也贡献了微薄之力。

缥缃盈栋，精本充牣

——仁和朱氏结一庐藏书研究

藏书史与书史是一对孪生兄弟，作为人类文明传播和延续的一种重要方式，藏书早已成为一种文化而被视为人类文明的重要标志。江南地区是我国藏书文化的发达地区，这里不仅是经济上的富庶之地、鱼米之乡，而且是人文之渊薮、文明之沃土。明清之际，特别是清中期以前，以长洲（今苏州）、金陵（今南京）、仁和（今杭州）为中心，刻书、鬻书、藏书之业炽盛。浓郁淳厚的文化氛围，造就了一代又一代的藏书大家巨擘。清中期以后，国家虽内势疲弱，外遭强凌，江南之地更是烽火连天，兵燹不绝，然藏书文化之源脉并未因之而绝绪断流。特别是道咸之世浙江仁和之朱学勤、广东丰顺之丁日昌、湖南湘潭之袁芳瑛，堪称此间乃至近代江南藏书文化杰出的代表人物。

一、仁和朱氏家学源流

丰润张佩纶曰：“仁和朱氏，其先随宋南渡，定居唐（塘）栖之丰田，介杭、湖两郡间。五世祖讳世荣，领康熙间乡荐，为南康令，有声。曾祖讳华，祖讳椿，均入仁和县学。”“考以升，道光二十年（1840）进士，顺天顺义县知县。""三世皆嗜学劬古，顺义君（即学勤父以升，因曾官顺天府顺义县知县故称）兄弟尤潜研经史，求假善本，手自勘校。"① 于毛诗最擅。

朱学勤字修伯，生于道光三年（1823）。三岁时，母卓氏弃世，父远游他乡教授，学勤即师事伯父朱以泰。其自幼聪颖明敏，张佩纶称之"童牙振采，弱冠茁英"②。读书能过目不忘，有"神童"之目。然不为幼誉所累，用功至勤，常秉烛夜读达旦。十年萤雪，学终大成。年十六应郡试，学使姚元之（字伯昂，号荐青，桐城人。嘉庆十年进士，官至左都御史）异其才隽，叹曰："此陆敬舆、马贵与俦也！"③ 陆敬舆即唐人陆贽，字敬舆，浙江嘉兴人，年十八成进士。马贵与即宋元之际之马端临，字贵与，江西乐平人，咸淳中漕试第一，时年亦未及二十。"三通"之一的《文献通考》即马氏力作。陆、马二人皆博极群书，且少年异才，能与这两位著名才子为俦，足见学勤才学之博雅。及父释褐，"侍顺义君官舍，质问群经疑义，尽得父学。"④ 咸丰元年（1851）中顺天乡试，三年（1853）成进士，由翰林院庶吉士改户部主事，直军机处，为军机领班，先后典机密十有七年，屡建殊功，名满朝野，乃咸同间肱股干臣。其才气凌厉，为曾国藩所赏识，尝握其手曰："学足论古，才足干时，后来之重器也。"官京师余，与邵懿辰、王拯、阎敬铭、丁宝桢等一时魁奇髦杰过从甚密，讲求经世之学。平生之著述存世无多，计有《结一庐遗文》二卷、《集》三十卷、《读书杂识》二十卷、《枢垣日记》三十卷。"虽篇帙无多，然先

① 《涧于集·文上·资政大夫二品顶戴大理寺卿军机处行走朱公神道碑》。
② 《涧于集·文上·祭外舅朱大理文》。
③ 《涧于集·文上·资政大夫二品顶戴大理寺卿军机处行走朱公神道碑》。
④ 《涧于集·文上·资政大夫二品顶戴大理寺卿军机处行走朱公神道碑》。

生学问淹雅，器识闳通，犹可窥见万一。"①

学勤育有二子，长子澄，字子清，江苏补用道；次子潘，字子涵（叶昌炽《藏书纪事诗》作字子安，子涵之误也），署顺天府治中北路厅同知。二子皆笃守家学，博学洽闻，尤其是长子朱澄。始聚于学勤的结一庐藏书，最终即由朱澄发展至鼎盛。

二、结一庐藏书之聚

朱学勤自幼生长在明山丽水、文才辈出的杭州。此间聚书之传统由来已久，多收藏大家，如中前期之吴瓶花（焯）、孙寿松（志祖）、汪振绮（宪）等，对学勤的影响甚大。生于斯，长于斯，学勤凤染此遗风，更兼家学之熏沐，好书尤甚。张佩纶云："公（学勤）益事搜讨，积聚篇卷，最擅精博，为海内所推。"② 早在道光末年，他就开始访书、聚书。及咸丰癸丑（咸丰三年，1853）通籍，官于京师，更是利用公暇搜讨厂肆，但见佳刻精抄，不惜重金购藏，由此收藏日富，渐成京城收藏名家。他将所藏中之佳本悉载往江南家中，筑室以储。佩纶云："矧承廷诰，业富缝纴。龙威灵宝，石室斯藏。假之闲福，俾老江乡。结庐五亩，买山一房。二分水竹，万轴琳琅。药炉茶灶，二子侍旁。经传刘向，说衍毛苌。针育起废，神明以康。天胡吝此，悠悠彼苍。"③ 此即结一庐之来历。然而此时之结一庐，虽已成"万轴琳琅"之富，但并未至繁盛之极。学勤既殁，其长子澄承乃父之衣钵，聚书不辍，续写结一庐之辉煌。澄邃于版

---

① 缪荃孙撰《结一庐遗文序》。
② 《涧于集·文上·资政大夫二品顶戴大理寺卿军机处行走朱公神道碑》。
③ 《涧于集·文上·资政大夫二品顶戴大理寺卿军机处行走朱公神道碑》。

本之学，曾与清末民初的版本目录学大师缪荃孙订交。据缪氏云，澄每谈及"版本之得失、书籍之源流，四部、七略，如瓶泻水"[1]。而其搜讨旧籍之力，比起乃父可谓有过之而无不及。缪氏又云："公子子清，尤工搜访，冷摊小市，无往不到，所得益多。""仁和朱修伯先生广收图籍，藏弆甲于京师。其嗣子清观察搜罗更广，储庋益富。"[2]经其十余年不遗余力之搜访，结一庐藏书更渐丰富，精本充牣，名甲江南。光绪庚寅（光绪十六年，1890），澄病殁，其身后结一庐之遗书竟有八十柜之巨。长沙叶德辉云："结一之藏，多出于仁和劳氏丹铅精舍、长洲顾氏艺海楼、南昌彭氏知圣道斋。"[3]

仁和朱氏世居塘栖镇（今属余杭县），这个地处杭州之北、运河之滨的秀丽水乡，素有藏书的传统。明有昌坤的"樾馆"、卓氏三代的"传经堂"，清代则以劳氏"丹铅精舍"最为著名。劳氏藏书始于劳经元。经元字笙士（浙江人民出版社出版，顾志兴先生著《浙江藏书家藏书楼》中误作"笙生"），尝问学于武进著名学者臧镛（庸）堂门下。性嗜聚书，购求善本而不惜重值。有子三：长名检，字青玉；次名权，字巽卿；三名格，字季言。权与弟格皆弃举业，专攻群史，精于校雠之学，亦能世其家学，喜藏书。其藏书楼名"丹铅精舍"，藏书多精善之本，繁富称于东南。学勤与劳氏兄弟同里、同时，且与劳氏丹铅精舍藏书有着很深的渊源。其幼时即常往劳家借书观读，对劳氏藏书爱不释手。劳家对他也是格外关照，有时还允其将书借回家中。学勤非常珍惜这种机会，每携书归家，常昼夜抄诵。毋庸置疑，朱学勤能成就博学高才，并亦踵聚书之

---

[1] 缪荃孙撰《结一庐遗文序》。

[2] 缪荃孙撰《云自在龛随笔》卷四。

[3] 叶德辉撰《别本结一庐书目序》。

途，劳氏丹铅精舍藏书起了不容忽视的作用。而学勤本人恐怕也不会想到，日后能成为丹铅精舍藏书的主人。同治三年（1864），劳格卒，其藏书散落各处，其中一部分为学勤所得，多为名家精校本。

顾沅字湘舟，长洲人，道光间官教谕，收藏旧籍及金石文字甲于三吴。其藏书楼名为"艺海楼"。杨子勤（钟羲）云："顾湘舟艺海楼藏书不及《四库》六百余种，而《四库》未收者二千余种，亦吴下嗜古之巨擘也。"庚申（咸丰十年，1860）之劫，艺海楼书散，多数为丰顺丁日昌所得，朱学勤亦得之不少。有文献说艺海楼藏书为丁日昌所尽得，此非实也。顾氏艺海楼不仅聚书，而且抄书，其抄本之精善闻于大江南北。学勤所得艺海之藏中，绝大多数为其抄本。检四卷本《结一庐书目》，其中著录为"元和顾氏艺海楼传抄阁本"者有近百部之多。

南昌彭元瑞，字掌仍，一字辑五，号云楣。少年敏慧，及长"尽通经传百家之书"。登乾隆二十二年（1757）进士，官至工部尚书、协办大学士，先后充国史馆、四库全书馆副总裁，实录馆总裁。卒谥文勤。元瑞以文章闻于天下，且雅好典籍，家富藏书，其藏书之所名"知圣道斋"。据其私藏书目《知圣道斋书目》著录，有各类典籍一千一百三十部。南昌彭氏抄本亦享誉书林，学勤所得彭文勤公藏书中，多为知圣道斋抄本。

结一庐藏书的另一重要来源，是英法联军进攻北京时流散出来的怡府藏书。怡府藏书即怡亲王府之藏书。据陆心源《宋椠婺州九经跋》云，怡亲王乃清之宗室，第一代怡亲王即康熙皇帝的第十三子允祥。在康熙的众皇子中，允祥以勇武见称，亦喜文雅，好聚书。其府内有藏书楼名"乐善堂"，凡九楹，珍籍满藏。乐善堂藏书多得之于江南名家巨楼。清初号称"冠于东南"的常熟钱氏（谦益）绛云楼，其藏书之宋元精本早已归毛氏汲古阁。"绛云之灾"后，脉望馆旧本归于钱氏（曾）述古堂。汲古阁与述古堂书散后，大半归于昆山徐氏（乾学）传是楼和泰兴季沧苇（振宜）。康熙末年，经何焯鉴定并介绍，徐、季之书售与了怡亲王府，故怡府之藏实集明清江南藏书大家巨擘之精华。咸丰十年，英法联军进攻北京，此时的怡亲王府早已败落，藏书多售与琉璃厂。时学勤官居京城，稍得闲暇便往厂肆，广搜遍寻，不计重值，故得之甚多。此事文献多有记载，如丁申《武林藏书录》云："当驾幸木兰之后，怡邸散书之时，学勤供职偶暇，日至厂肆，搜获古籍，日增月盛。"叶昌炽《藏书纪事诗》卷六云："咸丰庚申，英人焚淀园，京城戒严，持朱提一笏，至厂肆即可载书兼两，仁和朱修伯先生得之最多。"从中亦可看到，怡府败落，更兼遭逢乱世，书价是相当低的，朱学勤也趁此良机，大捞了一把，使家藏陡富。

朱学勤聚书的年代，正值中华民族的多事之秋。清廷的腐败无能招致内外交攻，国势危如累卵。太平天国起义的烈焰燃遍南国红土，帝国主义列强的长枪利炮直指国府京畿，连年战火使得文化事业惨遭涂炭。江南藏书大家之书，或毁于兵燹，或流散于冷摊小市，境遇凄凉，殊不堪睹。叶德辉云："洪杨之乱，江以南图书之厄，酷于五季。其兵燹所残剩者，北则归于聊城杨氏'海源阁'，南则归于侍郎'结一庐'、丰顺丁氏'持静斋'、湘潭袁氏'卧雪庐'、归安陆氏'皕宋楼'。"[1]当时流散出来的江南大家藏书，有很大一部分流至尚显太平的文化中心——古都北京，辗转买卖于厂肆书摊之间。朱学勤整日徘徊其间，不仅购得了不少怡府藏书，还搜罗了其他藏书名家的许多遗书。"及官京师，又值徐星伯、韩小亭、彭文勤公及怡邸之图书散落厂肆，不惜重值购藏，遂为京师收藏一大家。"[2]徐星伯名松，字星伯，大兴（今属北京）人。嘉庆十年（1805）

---

[1] 叶德辉撰《别本结一庐书目序》。

[2] 缪荃孙撰《结一庐遗文序》。

进士，精于史事，长于地理，好钟鼎碑碣文字。家富藏书，中多善本。韩小亭名泰华，字小亭，文绮之孙，仁和人。道光时，由兵部郎中历官陕西粮储道。公余搜访金石及宋元名家之文集，得百数十家，半系传抄精本，或《四库》所无而元刊尚在者。晚年居金陵，筑"玉雨堂"藏书。

以上诸名家之藏，构成了结一庐藏书的主体，同时也奠定了其咸丰年间士大夫藏书三甲之一的地位。

三、结一庐藏书的特点

如果要用一句话来概括结一庐藏书的特点，那么本文的题目是再恰当不过了。"缥缃盈栋"称其富，"精本充牣"言其精。"富"主要表现在以下两个方面：

1. 数量巨大："史圣"司马迁有一句名言——"读万卷书，行万里路"，古人常将此言作为读书人的治学之道，更将其视为成就巨学鸿儒的必经之途。然而古来能称为巨学鸿儒者毕竟是凤毛麟角，故"读书破万卷"已非易事，而要藏书万卷更是何其难也！据载，朱学勤曾编有《结一庐书目》以纪其藏，然目中并未尽纪其所有。学勤既殁，澄蓄书不辍，并亦编有书目。缪荃孙《艺风藏书续记》云："《结一庐书目》一册，传抄本，朱澄撰。""子清家学涵濡，嗜古尤笃，即此一编，高出寻常收藏家万万，为光绪庚辰（光绪六年，1880）吾友黄再同所贻。己丑（光绪十五年，1889）冬间，相遇沪渎，子清曾言续有所得，出此目者几及一倍。"可见，澄目亦未尽全详，且藏而未录者几近此目之一倍。"结一之藏"终有几何，如今已无从稽考。虽有"结一之目"以传，然未能由此得以窥全豹，即便如此，我们仍可从中略见结一庐繁富之一斑。经对几种版本《结一庐书目》的不完全统计，我们可以看到这样一组数字：共收书一千余种，三万四千余卷。如果按缪氏所言"出此目者几及一倍"作一估算，则有约两千种，近七万卷。笔者以为，这只是最保守的数字，实际数字远不止这些。

我们再把结一庐藏书与"清末四大藏书家"作一横向比较：常熟瞿氏铁琴铜剑楼藏书一千一百九十四种，十万余卷；归安陆氏十万卷楼聚书十五万卷以上；杭州丁丙八千卷楼富藏二十万卷；聊城杨氏海源阁蓄书三千二百三十六部，二十万八千三百卷。"结一之藏"，富虽难与瞿、陆、丁、杨四氏相埒，然亦"高出寻常收藏家万万"，堪称当时巨擘。也许卷册的数字听起来比较抽象，那么还有一个数字也许会给您一种极为深刻的感性认识，那就是澄殁时，遗书竟达八十柜之巨。这在当时的历史条件下，完全以私人之力，聚得如此富藏，是极为不易的。

结一庐藏书量虽大，但分布很不均衡，绝大部分都集中在集部。四卷本《结一庐书目》卷一著录经部书八十五种，卷二史部书一百零四种，卷三子部书一百四十一种，此三卷之总和为三百三十种，尚不及卷四集部一卷之数（三百八十种）。"结一之目"之所以蝇头虎尾，其因有二：一是书籍自身的发展所决定的。我国古籍浩如烟海，而就其内容而言，由于政治、历史等诸多因素的作用，其发展并不平衡。在现存的古籍中，集部书的数量要远远大于经、史、子三部，这一点在各个历史时期的书目中均有突出反映；二是藏书来源所致。结一庐藏书的原藏家中，有许多都是以专门收集集部书而著称的。如前文提到的韩泰华，就以收宋、元名家之文为乐，搜访十余年，得百数十家。

2. 来源广泛：叶德辉云："窃尝综诸家书目观之，其收藏皆先有二三故家大宗之书以立其基址，而后陆续增益，用底于成。"[1] 此言道出了古代

---

① 叶德辉撰《别本结一庐书目序》。

私家藏书的规律。"结一之藏"亦不例外，它以仁和劳氏丹铅精舍、长洲
顾氏艺海楼、南昌彭氏知圣道斋等江南数故家大宗之书为基址，又经学
勤父子肆力广搜遍访、日增月盛而成江南藏书之巨擘。检四卷本《结一
庐书目》，各书后多著录前藏者姓名，从中可见，除劳、顾、彭三氏旧藏
之外，尚收有明晋府、山阴祁氏澹生堂、鄞县范氏天一阁、常熟钱氏绛
云楼、毛氏汲古阁、金陵黄氏千顷堂、秀水朱氏曝书亭、桐乡鲍氏知不
足斋、金氏文瑞楼、昭文张氏爱日精庐、璜川吴氏、诸城刘氏，以及惠
氏红豆斋、吴郡赵宧光、曹楝亭（寅）等南北诸名家之藏，有近百家之夥。
正是得此百川细涓之汇，而终成"结一"瀚海汪洋之大观。

　　"结一之藏"的过人之处在于"多而不滥，既博且精"。学勤父子在
蓄书过程中，非常重视对善本的收集，力图于"博"中求"精"，强调藏
书的质量。"讲求善本"是历代藏书家的共同特点，但不同时代的人，对
"善本"的认同标准是不同的。张之洞曾说："善本之义有三：一足本（无
阙卷，无删削）；二精本（一精校，二精注）；三旧本（一旧刻，二旧抄）。"[①]
丁丙则将善本书归为四类，即旧刻、精本、旧抄、旧校，并逐一阐释为：
"一曰旧刻。宋元遗刊，日远日鲜；幸传至今，固宜球图视之。二曰精本。
朱氏一朝，自万历后，剞劂固属草草。然追溯嘉靖以前，刻本多翻宋椠，
正统、成化刻印尤精，足本、孤本所在皆是。今搜集自洪武迄嘉靖，萃
其遗帙，择其最佳者，甄别而取之。万历以后，间附数部，要皆雕刻既工，
世鲜传本者，始行入录。三曰旧抄。前明姑苏丛书堂吴氏、四明天一阁
范氏，二家之书，半系抄本。至国初小山堂赵氏、知不足斋鲍氏、振绮
堂汪氏，多影抄宋元精本，笔墨精妙，远过明抄。寒家储藏，将及万卷，
择其尤异，始著于编。四曰旧校。校勘之学，至乾嘉而极精。出仁和卢

---

① 《輶轩语·语学第二》。

抱经（文弨）、吴县黄荛圃（丕烈）、阳湖孙星衍之手者，尤校雠精审。他如冯己苍（舒）、钱保赤、段茂堂（玉裁）、阮文达（元）诸家，手校之书，朱墨灿然，为艺林至宝。补脱文，正误字，有功于后学不浅。"① 张氏、丁氏所言，反映了近代藏书家的"善本观"，而朱氏结一庐藏书更是这种"善本观"具体而真实的体现。四卷本的《结一庐书目》可以说就是结一庐藏书的善本书目，目中著录无不为旧刻、精本、旧抄、旧校者。再看《别本结一庐书目》，内分宋版、元版、旧版、抄本（内含旧抄、旧校）、通行本，更是与丁氏所言毫无二致。具体来讲，结一庐藏书所体现出的"精善"意识主要表现在以下几个方面：

（1）佞宋嗜元。藏书崇尚宋元之风发轫于明，经钱谦益、毛晋、钱曾、季振宜、徐乾学等相继大力提倡而渐兴。至清中期，由于乾嘉考据学派的推波助澜，此风蔚然炽盛，对以后的藏书文化影响至深且远。一时间，"南北书贾莫不以宋、元版本为佳货，学者亦以得之为荣"②。结一庐所藏宋元旧刻并不多，见之于《结一庐书目》的有百余种（宋版三十五种，元版近八十种），虽不及"皕宋""百宋一廛""千元十驾"之豪富，然其中亦不乏稀见之本。如宋十行本《晋书》、宋刊《东西汉会要》《宋诸臣奏议》皆世所罕见；元刻《农桑辑要》亦极稀见。

（2）重名抄本。抄写是书籍流传的一种重要方式，不论是在雕版印刷术发明之前还是之后，其对文化的保存与传播都起着相当重要的作用。抄本之所以被视为善本，最主要的原因是其多为官府鼓励刊行的经、正史、应试之书等以外的书籍；或是不易刊行的书籍，如《永乐大典》《四库全书》等鸿篇巨帙。从内容上来讲，它是刊本的重要补充；而由名人

---

① 《善本书室藏书志》。
② 谢兴尧著《中国出版史料补编·书林逸话》。

手抄的本子，本身就是一件极富价值的藏品。因而，抄本历来为藏家所重而着力收藏。朱氏结一庐藏书亦不例外，检四卷本《结一庐书目》，共著录旧籍七百余种，其中抄本四百余种，竟几占全目之七成。其中多为名家抄本，如元和顾氏艺海楼抄本、南昌彭氏知圣道斋抄本、仁和劳氏丹铅精舍抄本、山阴祁氏澹生堂抄本、常熟毛氏汲古阁抄本、昭文张氏爱日精庐抄本等等，可谓精抄琳琅。朱氏结一庐不仅富聚名家名抄，其自家抄本在清末亦极具盛誉，为后世藏家所重。

（3）多精校本。校本古已有之，但宋、元、明本中并不多见。清代朴学大兴，学者讲究考据、校雠，藏书家精于校勘，时常互易所藏而相抄校。如学勤之前辈仁和汪宪（字千陂，号鱼亭，有振绮堂，富藏书），与同郡诸藏家小山堂赵氏、飞鸿堂汪氏、知不足斋鲍氏、瓶花斋吴氏、寿松堂孙氏、欣托山房汪氏等经常互借家藏抄校。所批注之内容，或阐述本旨，或增补辑佚，或探源发微，学术价值很高，故名家精校本亦为藏家极力搜讨之善本。在各家校本中，清末藏家学者尤重"顾批黄校"，皆以得之为耀。朱氏结一庐即收有顾千里（广圻）精校本数种，其他如明叶林宗（奕）校本、清彭文勤公校本、卢抱经校本、何义门（焯）校本、严铁桥（可均）校本、鲍氏知不足斋校本、翁覃溪（方纲）校本、钱塘吴氏（焯）绣谷亭校本等等，皆一时之名儒鸿学之精义真迹。

四、结一庐藏书之散

叶德辉云："物聚必散，是固然矣。"[①] "穆宗毅皇帝（即同治皇帝）崩，公（学勤）在告中强起仆地，病日增剧。光绪元年（1875）正月四日遽

---

① 叶德辉撰《别本结一庐书目序》。

卒于位，年五十三。"① 朱氏结一庐藏书传至第二代，朱澄承乃父遗志，将"结一之藏"推至鼎盛。光绪十六年（1890），澄卒，历经朱氏父子两代人苦心经营达四十余载的结一庐藏书，最终未能摆脱叶氏言中所阐发的盛极必衰的自然规律。

学勤既殁，"结一之藏"传于二子。"长子澄，仕江左不得志，藏书为东南最。其仲潸，奉太夫人（学勤妻马氏）居京师，莳花种竹，以娱其亲。日与诸名士游，而轻世肆志焉"②。可见，学勤死后，结一庐藏书基本是由其长子朱澄管理的，而次子朱潸则居京奉亲。澄殁，书也就很自然地传给己子，而其子不能守，遂使祖、父倾毕生心血购置的万卷缥缃易姓别归。

澄子欲鬻家藏的消息传出后，引来众藏家上门求购。张佩纶云："朱氏之书为陆心源谋购甚急，佩纶乃告内弟子涵以先世所藏不可轻售，属子涵敦谕其侄，以书暂质佩纶，属为编外舅藏书之目。"③ 陆心源字刚父，号存斋，晚称潜园老人，浙江归安人，亦清末藏书大家，其皕宋楼藏书名播海内外。在这次争购结一庐藏书的过程中，时官居金陵的张佩纶近水楼台先得月，凭其与朱家的特殊关系，在竞争中抢得先机，击败了众多竞争者。张佩纶字幼樵，号绳叔，一作绳庵，别署簣斋，直隶丰润人。同治十年（1871）进士，光绪间累官侍讲学士，署左副都御史。庚子（光绪二十六年，1900）赏给翰林院编修，以四品京卿补用。佩纶乃学勤婿。学勤有三女，次适佩纶④。正是凭着这层关系，张佩纶以低价购得了结一庐藏书。叶昌炽云："庚寅（光绪十六年），子清殁，遗书八十柜，尽归

① 叶德辉撰《别本结一庐书目序》。山西古籍出版社出版，池秀云编《历代名人室名别号辞典》中，误将朱学勤卒年作光绪十六年（1890）。

② 《涧于集·文上·朱外姑马夫人六十寿序》。

③ 《涧于集·书牍》。

④ 顾志兴著《浙江藏书家藏书楼》中，误将佩纶作朱澄婿。

张幼樵副宪。"① 但叶氏所言有误，结一庐藏书并未"尽归张幼樵副宪"。

缪荃孙云："子清殁后，其家贱售之张幼樵前辈，价未清，书亦未全交。近得幼樵书目核之，朱有而张无者，或在子涵处，或系未交书。"② 又云："迨丙申（光绪二十二年，1896）馆钟山，而子清又殁，书籍亦散，其精华悉归丰润张幼樵前辈，其奇零有归于荃孙者。子涵亦由直隶改官江南。一日，持汲古抄本《金石录》，张燕公（说）、刘宾客（禹锡）、司空表圣（图）三唐人文集，明抄本中多夹签，皆先生（指朱学勤）手校欲梓者，经理刻成，以继先志。"③ 由此可知，结一庐藏书之精华为张佩纶所得，少部分为缪氏所得，澄子及澄弟潽手中均有剩余，还有一些不知流归何处。盛极一时的"结一之藏"，就此烟消云散了。缪氏乃朱氏兄弟挚友，曾先后与二人订交，他的记载应该是可信的。此外还有一佐证。检《中国丛书综录》，中有朱澄辑《结一庐朱氏剩余丛书》，子目四种，即宋赵明诚撰《金石录》三十卷，附缪荃孙撰《札记》《今存碑目》各一卷；唐张说撰《张说之文集》二十五卷，《补遗》五卷；唐刘禹锡撰《刘宾客文集》三十卷，《外集》十卷；唐司空图撰《司空表圣文集》十卷。这与上文所引缪氏序言是相符合的，缪氏"经理刻成"之书即这部《结一庐朱氏剩余丛书》。可见缪氏所言是绝对可信的。单从丛书名中的"剩余"二字，即可知"结一之藏"并未尽归佩纶了。另外，据缪氏所言，该丛书的辑者不应著录为朱澄，而应为朱学勤辑，缪荃孙补辑，《丛书综录》的著录是错误的。

然而"结一之藏"并未就此摆脱厄运。转入涧于草堂（佩纶堂号）

---

① 叶昌炽撰《藏书纪事诗》卷六。
② 缪荃孙撰《云自在龛随笔》卷四。
③ 缪荃孙撰《结一庐遗文序》。

的结一庐藏书，未足二十年即遭灭顶之灾。叶德辉云："至辛亥（1911）国变，尽其所有付之于狼烽马粪。"① 佩纶之子志潜云："辛亥之乱，未及取出，遂毁于兵。"② 缪荃孙慨叹曰："辛亥金陵失守，革党踞洪氏园，书籍狼藉，流出东洋犹其幸者，余不免衬马蹄当樵苏耳。长恩不佑，感慨系之。"③ 书毁之惨状令人心痛。于兵火中幸存之余烬，有一部分流往海外。据日本著名版本目录学家岛田翰云："就予所见，唐（塘）栖朱修伯侍郎之散，吾友江建椵（标）太史得《大金集礼》《济南集》，皆旧抄本。"诚如缪氏所言，流至海外者尚属幸运，留在国内的，适园主人张钧衡所得不少，更多的则不知所终了。

结一庐藏书之散，表面看来只是仁和朱氏一家的悲剧，实则是一个国家历史的悲剧在文化上的缩影。国盛家兴，国破家亡，这是历史留给我们的启示。

（发表于《文献》2001 年第 4 期）

附记：

对仁和朱氏结一庐藏书的关注，源自此前为北京图书馆出版社（今国家图书馆出版社）整理《朱修伯批本四库简明目录》。本文借助于文献记载，对仁和朱氏的家学源流、藏书特点及藏书聚散进行了较为详尽的叙述，是较早发专文研究结一庐藏书者。著名版本学家沈津先生在他的

---

① 叶德辉撰《别本结一庐书目序》。
② 《涧于集·书牍后序》。
③ 《艺风藏书续记》。

文集《书丛老蠹鱼》中，开篇就是《也说朱氏结一庐藏书》。其中对我这篇文章给予了肯定，同时也指出了不足，就是对结一庐藏书散落后的下落语焉不详。沈先生的意见十分中肯，对结一庐藏书之散，我确实没有做更深入的查考和研究。就在我这篇文章发表后不久，王世伟先生发表了结一庐藏书入藏上海图书馆的报道。后来，我又发现了一些关于"结一之藏"的新资料，结合其入藏上图，我是准备再写续篇的。我把这一想法也通过电子邮件跟沈津先生进行了交流。但由于各种原因，此项研究并未深入下去。多年以后的一次文献会年会上，一位素不相识、文质彬彬的小伙子来找我，自报家门说名陈祺，是北师大周少川老师的研究生。陈祺说是少川老师让他来找我的，他的毕业论文想写结一庐藏书。我们相约回京后联系，切磋、交流和分享关于结一庐藏书研究的心得。大概是陈祺后来又改了题目，我们没有再为此而联系。不过多年之后，我还是看到了陈祺所写的《结一庐藏书考论》一文。

入行十年了，建立起一点儿小小的自信，想试试自己的功力，于是将此文投到了北大办的《国学研究》，这可是我眼中的顶级学术刊物。但是被"毙"了，记得审稿意见还是孟二冬老师用铅笔工工整整抄录下来交给我的。这是我学术生涯中唯一的一次被退稿，说明我的功力还不够，需要继续努力。但此文后来还是在《文献》发表了，并于2004年5月获得第二届图书馆学情报学学术成果三等奖。

北京大学图书馆古籍修复工作之思考

引　子

北京大学图书馆的前身是京师大学堂藏书楼，她诞生于清末"无可奈何花落去"的"除旧布新"中，到今天已走过了百年的风雨历程。一百年中，北大图书馆经历了筚路蓝缕的初创时期、思想活跃的新文化运动时期、艰苦卓绝的西南联大时期、快速发展的开放时期。馆藏日臻宏富，馆舍不断改善，技术日益先进，已经成为中国历史悠久、规模宏大、藏书丰富、现代化程度高、管理先进、享有广泛的国际声誉的最重要的研究图书馆之一[①]。正如江泽民同志为本馆题词所赞誉的那样，这是一座"百年书城"。在我馆五百三十余万册藏书中，特别值得一提的是一百五十余万册的珍贵古籍，其数量居全国第三、高校之首。其中包括二十余万册善本，乃我馆馆藏之精华，有许多都是无价之宝。确保这些国之瑰宝的绝对安全，尽量延长其使用寿命，使之发挥最大的利用价值，为把北大建成世界一流大学提供坚实的文献资源保障，是我馆工作的重

[①]　北京大学图书馆编《北京大学图书馆100周年纪念册前言》2002年版。

中之重。面对如此浩繁的古籍收藏，如何保护是一个重要的问题。这里所说的"保护"，具体包括两个方面的内容：一是对目前保存情况较好的古籍进行维护，二是对已损坏的古籍进行修复。笔者在北大图书馆古籍部从事古籍书库管理和古籍修复工作有年，现就本人的工作实践，对我馆馆藏古籍的修复工作谈一谈自己的体会和看法。

一、我馆馆藏古籍的破损情况

北大图书馆的古籍修复工作可以说一直是在艰难中坚持着：一方面，古籍破损情况比较严重，且呈进一步恶化之势；另一方面，古籍修复人员奇缺（现仅有一人），根本无法承担如此浩繁的修复工作。由此造成的后果便是：保存尚好的古籍得不到维护，已经破损的古籍又修不过来，如此形成恶性循环，且积重难返。就是在这种矛盾之中，我馆的古籍修复工作举步维艰。虽然我馆古籍破损的整体情况目前尚不很清楚，但就已知情况而言，还是比较严重的。究其原因，主要有以下几个方面：

1. 家底不清

北大图书馆对外号称富藏古籍一百五十余万册，但究竟具体有多少，没有人可以给出一个准确的答案。目前已知已编书大概有一百余万册，而所谓家底不清，主要指的是未编书，到底有多少册、都有哪些书，无人能说清，只是粗估有五十余万。所以北大对外所称的一百五十余万册古籍馆藏，可能不足此数，也有可能高于此数。

馆藏古籍的家底不清，是长期困扰我馆的一大难题，我馆的古籍修复工作也因此受到影响。家底不清使得古籍的破损情况也不清，造成的直接后果便是已破损的古籍得不到及时的修补。已编部分由于从未进行过全面细致的普查，因而缺乏一个整体的认识；而未编部分则更不必说了，这就使我们的修复工作缺乏统筹性、针对性和计划性。目前我馆对古籍损坏情况的清查工作基本是由书库管理人员完成的，书库管理人员在为读者提书的过程中，如发现有破损者，就会在破损书的函套上贴上印有"修"字的口取纸标签作为标记。除非是特别严重的损坏，一般的破损在贴上标签后是不需要向古籍修复人员说明的。由于书库管理人员毕竟不是专业的古籍修复人员，缺乏这方面的专业知识，因而对古籍损坏的性质、程度及处理方法等都缺乏正确的判断与估价。就像一位堪堪废命的重病患者遇上了一位年轻的小护士，看患者痛苦的表情知道病情之严重，急得手足无措，却又不知如何是好，慌乱之间贻误了抢救的最佳时机。一些亟需抢救性修复的古籍，很可能会因为书库管理人员的判断失误，没有及时向修复人员报告，从而错失修补的最佳时机，造成不可挽回的损失。而且，书库管理人员的这种清查带有很大的偶然性、随意性，这不利于掌握全馆古籍残损的整体情况，使修复工作缺乏主动性、计划性和针对性，并直接导致破损程度的加剧。再有，书库管理人员清查的偶然性、随意性是与读者的阅读内容有关的，因而范围极为有限。据统计，古籍部每年为读者提书的数量为七千余函，近三万六千册，但实际上品种并不多，重复提书量较大，因此书库管理人员所接触的古籍是极为有限的，那么清查的范围自然也就很窄。这就造成古籍修复人员的工作同样带有很大的偶然性与随意性，每修完一种书，对下面要修什么书完全没有计划，而是在还库的过程中就近随便选取一种，不分轻重缓急，完全是一种被动的工作状态。这种工作方式对我馆的古籍保护工作是极为不利的。很多破损的古籍因为没有被专业的古籍修复人员发现而得不到及时的修补，从而使破损的程度愈演愈烈。

2. 典藏条件恶劣

在 1998 年古籍部迁入新馆之前，整个图书馆的面积只有二万五千万平方米，仅相当于现有面积的一半。古籍部的面积就更小了，仅有三个书库，库容不过四十万册。受此影响，已编的一百万册古籍不得不分藏在本馆各处，而真正归古籍部管理的古籍尚不及一半。除善本室以外，其他古籍分藏处均无恒温恒湿保证，对古籍的保护十分不利，给统一管理也造成了极大困难。而未编的五十余万册古籍的命运则更加悲惨，分置于馆外学校其他单位的阁楼上或闲置库房内，几十年无人过问。这些地方典藏条件很差，不仅没有恒温恒湿设备，而且由于长时间无人管理，珍贵的古籍都被埋在厚厚的尘土之下，函套与书皮上沾满了楼顶施工淋下的沥青，还有蝙蝠、麻雀光顾后留下的粪便，污秽不堪。更为可怕的是，古籍的安全无法保证，只靠一把"铁将军"把门，无人看管，如有盗书者破门而入，根本无人知晓。

3. 典藏制度与借阅制度不合理

迁入新馆之前，本馆古籍分藏各处，管理十分混乱。这其中固然有库容严重不足的原因，但也有历史造成的分类头绪复杂的原因，还有典藏制度不合理的原因。特别是后者，给我馆古籍造成了很大的损害。如人为地造成善本书与普通古籍的分离，拓片与拓本分离，舆图形制的分离，丛书、工具书的单列，以及中文、历史、哲学、图书馆（现信息管理）等相关院系纷纷从图书馆提取相关古籍，以补充其资料室的收藏等等。如此局面造成了各自为政，无法形成一整套统一、规范的古籍管理制度。在借阅制度方面，很多古籍都实行开架阅览，读者可以随意到书库中选取自己所需要的书，造成了大量丢失和损坏。20 世纪 80 年代，许多普通线装书还可以借出馆外。直到今天，还有很多西文善本是可以外借的，损失也十分严重，经常是有借无还。这其中包括很多珍贵的版本，一旦丢失，其损失是永远无法弥补的。如果不是本校外语学院沈泓教授的积极呼吁，及时禁止了西文善本的外借，恐怕损失还要大。

二、目前我馆古籍修复工作所存在的问题

1. 人员奇缺，后继乏人

古籍修复人员的极度短缺，不仅是北大图书馆一家的问题，而且是全社会普遍存在的现象。而且不光是古籍修复业如此，整个文物修复行业均陷于此种窘境。2004 年 11 月 28 日，中国文物学会修复专业委员会第三届会员大会暨第四届全国文物修复技术研讨会在京举行。据文物学会修复专业委员会会长王汝锋介绍，目前全国有不可移动文物约四十万处，各类博物馆二千座，馆藏文物超过一千五百万件，而专门从事文物修复的人员不足四百人 ①。古籍修复人员的极度短缺表现为从业人员少、队伍萎缩、青黄不接和后继无人等几个方面。以国图为例：作为国家图书馆，它的古籍收藏量为一百八十多万册之巨，其中善本三十余万册。现有古籍修复人员十三人，其中十一人在善本部，两人在分馆。也就是说，平均每个人要承担近十四万册古籍的维护任务。1998 年，中国图书馆学会文献保护小组在全国部分省、市、县及高校图书馆做了一次"古籍保护情况"调查，在二十九个参加调查的图书馆中，共有古籍四百七十万册，其中一百万册破损严重，亟待抢救，占藏书总量的四分

---

① 丁肇文撰《我国文物修复人员"极荒"》，见《北京晚报》2004 年第 11 期第 28 页。

之一①。而不同程度破损者则在百分之五十以上②。按四分之一的破损率计算，国图每个古籍修复人员要承担三万五千册的修复任务。因为古籍的破损情况千差万别，修补的难易程度也各不相同，根据我馆古籍修复人员的情况，人均年修复古籍数在几十册不等。按一百册计算，国图每名古籍修复人员要修完三万五千册古籍需要花三百五十年时间，这是个多少人穷其一生都无法完成的工作量。以每人从事修复工作四十年计算，三万五千册古籍需要九代人的前赴后继才能完成。我馆现有古籍修复人员仅一人，如按上述方法计算，在没有新的破损增加的情况下，要将我馆的破损古籍修复完毕则要花三千七百五十年、九十四代人的不懈努力。这简直是不可想象的。另据上述调查结果显示，参加调查的二十九个图书馆中，有十八个馆没有专职的古籍修复人员。仅有的十八名古籍修复人员，只有一半是经过专业培训的③。据有关资料显示，本来就奇缺的古籍修复队伍，目前仍在不断萎缩，但古籍的破损是会随着时间的推移而源源不断地增加的。这一增一减所造成的强烈反差，会无形地加剧现有情况的进一步恶化。以上这些触目惊心的数字足以引起有关部门的高度重视，如果不尽快建立有效的人才培养机制，培养大量的社会所亟需的古籍修复人才，那么若干年之后，很可能就会出现无人修书的尴尬局面。如果这种不幸真的发生了，那无异于是对我国历史悠久、光辉璀灿的传统文化的一场浩劫，现代文明社会的又一次书厄，这是我们每一个中国

---

① 王清原撰《当前图书馆古籍保护工作的现状与存在的问题》，见北京图书馆编《中文善本古籍保存保护国际研讨会论文集》，北京图书馆出版社 2001 年版，第 96—106 页。

② 张玉范撰《古籍保护与古籍修复人才的培养》，见中国国家图书馆编《中文善本古籍保存保护国际研讨会论文集》，第 120—124 页。

③ 王清原撰《当前图书馆古籍保护工作的现状与存在的问题》，见中国国家图书馆编《中文善本古籍保存保护国际研讨会论文集》，北京图书馆出版社 2001 年版，第 96—106 页。

人、每一个现代社会的文明人都不愿看到的。

2. 管理制度不完善，岗位责任不明确

北京大学自 1999 年开始，对人事制度进行了重大改革，实行岗位聘任制。但在实际工作中，新的人事制度有它不完善的地方：一是岗位职责不明确，责任不清晰。岗位责任要求笼统而不具体，没有详细地规定各个岗位所应负责的具体工作内容。比如上文所说的古籍破损情况的普查工作，应该是由古籍修复人员来做的，书库管理人员不可以越俎代庖。二是工作人员减少与工作量的不断增加之间形成的矛盾。在实际工作中，由于人手紧张，一个人往往要兼职几个岗位的工作，胡子眉毛一把抓，不能做到专岗专职。比如书库管理人员，既要管库，又要兼做阅览、咨询，有时还要编目，参与各种项目，什么都干，但什么都不能集中精力干好。古籍部是一个藏有无数国宝的重地，为了保证这些国宝的绝对安全，我们制定有严格的规章制度。但古籍书库管理岗仅有两人，他们平时还要承担大量的阅览、咨询等其他岗位的工作，就连"必须两人以上才可进库"这样的基本规章都无法保证，那么我们所定的制度即便再严密，也只能是个摆设。

3. 没有建立细致、完整、系统的修复档案

古籍修复档案是记录古籍破损情况、修复方案、修复操作过程以及修复得失经验的重要资料，它既是对古籍修复过程的客观描述，更是对古籍修复经验的积累和总结，是留给后来者的一笔宝贵财富。遗憾的是，我馆对建立古籍修复档案的工作未予以足够的重视，以往的修复工作没有建立起细致、完整、系统的修复档案和保留修复前后的影像资料。现在要查看某一文献的修复情况，只能凭借记忆和所用修复材料的不同来判断修复前的破损状况。这样再过几十年，恐怕就没人知道当时的情况了。

4. 缺乏必要的检测仪器设备

古籍修复工作是一门古老的手工工艺，但随着科学技术的飞速发展，越来越多的高科技含量的东西被引进来，使这门古老工艺焕发了青春。虽然目前以机械代替手工操作尚做不到，但在检测手段上已有了革命性的突破，打破了传统的凭肉眼、靠经验的不科学性，使检测结果更细致、更准确、更科学。比如检测古籍纸张纤维的生物显微镜、体视显微镜，测试古籍纸张含酸度的测酸仪等仪器设备的问世与使用，为古老的古籍修复工作插上了科技的翅膀。目前我馆的古籍修复工具和手段还停留在比较原始的手工阶段。

三、解决问题的方法与策略

1. 摸清家底

这是做好我馆古籍修复工作的基础，只有摸清家底，才能做到心中有数、有的放矢。目前，由于未编古籍尚不具备清查的条件，所以应该尽快摸清已编古籍的破损情况，并逐一登记，记录在案。摸清破损情况以后，要按版本价值、损坏程度和使用频率等将待修古籍进行分级，区别对待。版本价值高、损坏程度严重和使用频率高的应予以优先考虑。特别是需要抢救性修补的，一定要及时处理，千万不可拖延，以免造成不可挽回的损失。另外，应该像书库管理人员对藏书进行定期清点一样，古籍修复人员也要对藏书的残损情况进行定期的普查，并将历次普查的结果记录在案，随时掌握馆藏古籍的保存状态。清查古籍残损情况的工作是在书库中进行的，因为古籍书库是重地，根据书库安全管理条例的规定，任何非书库管理人员出入古籍书库是要受到严格限制的。因此，可以考虑让书库管理人员的清点工作与古籍修复人员的残损情况普查工作一同进行。

2. 加大投入

馆领导应对古籍修复工作给予高度的重视，加大各方面的投入，为我馆的古籍保护创造有利条件。

首先是改善典藏环境。古籍部迁入新馆后，典藏条件较之以前有了较大的改善：散存于各处的古籍得以集中收藏；书库增加至十三个库，共三千多平方米；书库在封闭的地下，既安全又能保持适宜的温度，目前十三个书库的库内温度均能控制在 14—18℃之间；美国帕卡德基金会（THE DAVID AND LUCILE PACKARD FOUNDATION）捐资制作的千余个樟木书柜，可起到防虫、防湿、防尘的作用。但在某些方面仍有不尽如人意之处。如书库在湿度问题上始终不能达到有利于保护古籍的最低要求，特别是在雨季，书库湿度普遍高于规定值，个别书库的湿度甚至达到90%以上。由于湿度问题始终无法解决，使得我馆古籍善本在每年 6 至 9 月的四个月内不得不停止出库供读者阅览，给全校师生的教学科研带来不便。现有的十三个书库中，只有一个书库安装了除湿机，湿度可以控制在规定的50%—65%之内，而其他十二个书库因为排水的问题无法解决而始终不能安装除湿机。还有，书库的灭火系统一共有两种，一种是水喷淋灭火装置，一种是气体灭火装置。俗话说水火无情，水和火是古籍的最大敌人，因此水喷淋灭火无异于以器投鼠。气体灭火对于古籍来说是一种较好的灭火方式，但本馆现有的气体灭火系统是早已为国家明令禁止使用的淘汰产品。为了保证馆藏古籍的安全，延缓和减小其损坏的速度与程度，馆领导必须予以高度重视，加大投入，改造对古籍典藏不利的环境。

其次是添置古籍修复所需要的必要设备。古籍修复是中国一项古老的传统工艺，千百年来，从用料、工具到手段，完全是在手工状态下进行的。迄今为止，虽然仍以手工操作为主，但也引入了一些现代化的辅助手段，特别是在检测方面，比如上文提到的生物显微镜、体视显微镜和测酸仪等仪器设备。

最后是改善工作条件。古籍修复的对象不仅限于古书，还有拓片、舆图等其他文献形式，拓片和舆图的形制都比较大，需要安放一张很大的工作台；还有其他一些诸如压书、熬浆等工序，都要求有一个较大的工作空间。另外，曝书、配纸都需要有充足的阳光，所以古籍修复的工作间应该具有良好的采光。目前我馆古籍修复人员的工作间在地下一个角落，紧临善本书库，仅能容纳一张大写字台、几把椅子和一台压力机，空间十分狭小。因为图书馆是重点防火单位，旁边又是古籍库，所以不能使用明火或电炉，来熬制染纸用的橡子壳汁和裱书用的糨糊，只能在其他办公室用微波炉加热打糨糊，但效果不如熬制的好。

3. 转变观念，树立"大古籍"观念

目前，各大古籍收藏单位普遍存在着重善本、轻普通古籍的现象。当然，这与收藏单位典藏条件有限有关。就本馆而言，虽然有较好的典藏条件，但亦无法保证所有古籍都享受恒温恒湿和樟木书柜的待遇，在这种情况下，先善本后普通本也是迫不得已的无奈之举。科学院图书馆古籍部的罗琳先生曾多次呼吁树立"大古籍"的观念，主张不能厚善本而薄普本。因为随着时间的推移，若干年后，今天的普通本也会成为善本。顾前不顾后，只重眼前而忽视长远，那样会随修随损，遗患无穷。因此，树立"大古籍"的观念是十分必要的，在重点保护善本的同时，对普通古籍的保护也决不能忽视，应该未雨绸缪，高瞻远瞩。

4. 加大整理出版和数字化工作的力度

古籍除了具有文献所具有的人类文明载体的共同特点外，还具有

一个与众不同的特性，那就是它的文物性，此点决定了在创造一个良好的典藏环境、制定严格的规章制度等的同时，减少其使用的次数是最为直接有效的方法。以我馆为例，古籍的借阅原则是，如有胶卷、胶片、光盘等或已有影印本者，一律不提供原件。加快古籍的整理出版和数字化进程，可以直接减少古籍原本的使用频率，进而达到延长其寿命的目的。

5. 培养人才

人是任何事业的主体和决定因素，是事业成功与否的关键所在。从目前从事古籍修复工作队伍的现状来看，前景令人十分担忧。古籍修复是一项寂寞无闻、枯燥乏味、待遇低下、既脏且累的奉献型工作。在当今商品社会的条件下，人们更注重的是经济价值的体现，要求以最小的投入获取最大的回报，因此这项工作对许多人，特别是大多数年轻人来讲是缺乏吸引力的。目前，社会上普遍存在着对古籍修复工作的职业轻视，将其视作一种不登大雅之堂的雕虫小技，古籍修复人员在人们眼中不过是个手艺人。有关单位领导对此项工作的重要意义也缺乏认识，重视程度不够，有的甚至是漠不关心。由此导致古籍修复人员的工作条件和工作环境较差，待遇低下，严重挫伤了从业者的积极性，人才不断流失，造成队伍逐步萎缩，陷入青黄不接、后继无人的尴尬境地。在这种巨大的社会压力下，很多古籍修复人员产生了自卑感，自己瞧不起自己的职业，身在曹营心在汉，当一天和尚撞一天钟。要改变这一现状，首先要做的就是转变观念，正确认识此项工作的价值，尊重古籍修复人员。其次是建立培养古籍修复人员的有效机制，为社会源源不断地输送这方面的人才。具体到各有关单位，领导要重视此项工作，重视古籍修复人员的培养和引进，搞好梯队建设。要努力为古籍修复人员创造良好的工作条件和环境，多为古籍修复人员办实事，提高他们的待遇，以使之安心工作、心无旁骛。古籍修复工作是一项对技术性、经验性要求都很高的职业，为不断提高古籍修复人员的业务水平，应积极为他们提供各种学习和交流的机会。

6. 建立修复档案

修复档案是记录破损古籍的破损情况、修复方案、修复过程以及修复结果的档案资料。首先，建立修复档案是古籍修复"整旧如旧"的基本原则的要求。"整旧如旧"就是要对破损古籍进行保护性的修复，要保持修复对象的原貌。这不仅是古籍修复的基本原则，也是整个文物修复的基本原则。既然是"整旧如旧"，那就应该让人知道修复对象的"旧貌"如何。因此，古籍修复人员在对破损古籍进行修复之前，应该对修复对象的破损情况进行如实的、详细的文字记录。在条件允许的情况下，最好拍摄并保存其影像。对修复对象破损情况的认识程度，将直接关系到修复人员制定的修复方案是否正确。其次，建立修复档案是古籍修复"可复性"的特点决定的。"可复性"是指修复是可逆的，可以按其操作过程予以还原。这主要是为了保证如果有新的、更好的、更先进的修复方法出现，那么可以按原修复方法进行还原，用新方法重新进行修复，而新方法仍要保证其"可复性"。古籍修复是一门因为古老而年轻、充满活力的行业。这里所说的"古老"，并不仅仅是一个时间上的概念，还指其发展到现在仍主要采用原始的手工操作。而现代科学技术的不断引入，是使这门古老行业焕发青春活力的长生不老之灵丹。因此，修复人员必须将修复方案、修复过程和所用材料等详细情况进行记录，以为还原之备案。最后，建立修复档案还是培养人才和传承技艺的客观需要。古籍修复人才的培养，一直是采用师傅带徒弟、口传心授式的方法，在理论上缺乏系统的总结。在目前古籍修复队伍不断萎缩、人才流失严重、修复人员文化水平普遍较低的情况下，许多优秀的传统技法都面临着失传之虞。而建立修复档案，可以将前人的宝贵经验保存下来，传予来者，是培养古籍修复人才极其生动的好教材。因此，尽快建立一套细致、完整、系统的古籍修复档案是十分必要的，也是刻不容缓的。

四、古籍修复人员应具备的素质

古籍修复技术是我国一项古老的传统手工工艺，具有悠久的历史。它应该是随着古籍的出现应运而生，并且一直伴随着古籍的发展而发展。但自从它降生的那一天起，一直到中国古代传统的雕版印刷业完全被近现代化的出版业所取代，始终没有过大红大紫，当然也不曾大盛大衰，这与古籍随盛世而大兴、随灾祸而遭厄的大起大落似乎很不合拍。特别是随着时代的发展，这项古老的行业渐渐趋于萎缩与衰落，甚至有濒于失传之虞，于是也就出现了需要修补的古籍越来越多，而从事这项工作的人却越来越少的矛盾。特别是经过十年动乱的巨大破坏，以及商品经济的强大冲击，使这项本就不显的行业越发地不景气。要振兴这一古老的传统工艺，抢救濒于失传的绝技，传承祖国的传统文化，就必须培养大批高素质的古籍修复人才。

古籍修复不仅是一门手艺，而且是一种综合性的艺术。既然是一种综合性的艺术，那就需要古籍修复人员具备综合素质。在这方面，古人为我们作出了榜样。在古代，许多从事古籍修复行业的人，不仅是经验丰富、技艺精湛的能工巧匠，同时还是有着极高品位的艺术家、学识渊博的学问家。虽然以此标准来衡量现在的古籍修复人员似乎过于苛求，但古籍修复人员应该在意识上对自己高标准、严要求，始终把它作为一个奋斗目标来不断追求。而丰富的经验和精湛的技艺，应该是一名优秀的古籍修复人员必须具备的素质。常言道：功夫在诗外。即便不能成为艺术家、学问家，也应该广泛涉猎，勤于积累，不断提高自己的修养。所谓磨刀不误砍柴工，这诗外的工夫，是会对技艺的提高大有裨益的。目前，我国古籍修复从业人员的整体素质令人担忧，特别是文化水平普遍较低。那么，除了要刻苦钻研、勤于思考，不断提高自己的业务水平，练就高超的修复技艺外，古籍修复人员究竟还应该具备哪些素质呢？

首先，要树立正确的人生观和价值观，培养高尚的道德情操和敬业爱岗、无私奉献的精神。要有强烈的责任感和一颗平常心，工作中要安心、耐心、细心。其次，古籍修复是根植于中华灿烂文明的沃土上的，因此必须了解祖国的传统文化，特别是与修复对象——古籍有关的知识，如古典文献学、版本学、中国古代史、文化史、古代汉语等等。另外还要增加一些艺术方面的修养，如书法、篆刻、美术等等。总之，艺不压身，博大是精深的基础与条件，有了厚重坚实的文化积淀，才能成为真正的古籍修复大师。

（发表于《大学图书馆学报》2006 年第 4 期）

附记：

此文是在国家实施古籍保护计划的大背景下写成的。国家对古籍保护高度重视，为此投入巨资实施此计划，并由国务委员刘延东同志亲自挂帅，主抓落实。全国高校图书馆也积极行动起来，成立古籍保护与修复的相应组织、研究机构、实验室；购置大量设备，改善古籍典藏与修复工作环境和条件；大力培养古籍保护专业人才等等。本文为某次古籍保护研讨会而作，结合本馆的实际情况，揭示了本馆在古籍利用、保护和修复方面的现状、存在的问题以及产生原因，并提出了解决问题的方法和策略。刘延东同志针对古籍保护问题到北大进行调研，馆领导的汇报材料就是在本文的基础上形成的，获得了刘延东同志的高度评价。

施廷镛先生与《古籍珍稀版本知见录》

——《古籍珍稀版本知见录》校后记

施廷镛先生是我国图书馆界德高望重的老前辈，著名的图书馆学家、古文献学家。他曾先后担任燕京大学图书馆中日文编目组组长、北京大学图书馆中文编目股股长，为我馆的中日文图书编目，特别是古籍编目工作做出了卓越贡献。本文介绍了施廷镛先生的生平事迹和他的遗著《古籍珍稀版本知见录》，以及笔者对此书的整理经过。作为先生的后辈同仁，我们在缅怀先辈丰功伟绩的同时，更应从中体味先生的学术人生，感受先生的治学精神，从而受到启发和教益。

这是笔者继《清代禁毁书目题注 / 外一种》后整理的第二部施廷镛先生遗稿了。由于笔者的浅陋寡闻，此前对先生可谓一无所知。但每当展开先生之遗稿，那隽秀工整的字迹一映入眼帘时，似乎总有一种既陌生又熟悉的异样感觉。冥冥之中，好像与先生神交已久了。《清代禁毁书目题注 / 外一种》出版后，读过先生冢子施锐（煜华）先生的《前言》，方对先生有了一个大致的了解。

施廷镛先生是我国图书馆界德高望重的老前辈，著名的图书馆学家、古文献学家。曾用名镜宇，字凤笙，晚号奋生，原籍安徽省休宁县东乡施村。生于清光绪十九年（1893），光绪末年就读于南洋方言学堂法文班。1917年就职于南京高等师范学校教务处。1919年，轰轰烈烈的"五四运动"爆发，并很快波及全国。施廷镛先生满怀爱国激情，积极投身到这场革命运动中去。他加入了南京学界联合会，参与游行、宣传等活动，并在著名教育家陶行知先生的分派下，担任文件缮印和联络等工作。1921年，南京高等师范学校改为东南大学，并筹建图书馆。1922年，由于先生对古籍版本目录学的浓厚兴趣，他被调入图书馆从事中文图书编目工作，从此将毕生精力奉献给了祖国的图书馆事业。1923年，他曾担任东南大学第四届暑期学校图书馆学组的教员，讲授图书装订等有关课程。1924年，与其他两位同道筹组南京图书馆协会，并任该会干事。1925年，兼任江苏图书馆协会副会长。1929年北上，在清华大学图书馆担任中文图书分类编目和中文古籍的采购工作。同年成为北平图书馆协会会员。1932年被选为该会执行委员会委员。"七七事变"后，他被聘为燕京大学图书馆中日文编目组组长。太平洋战争爆发后，任北京大学图书馆中文编目股股长。1946年，受吴有训先生之邀，南下任中央大学（南京解放后改为南京大学）图书馆中文编目部主任。1961年，升任南京大学图书馆副馆长。1963年，受北京图书馆图书馆专业书籍编辑部聘请为特约编辑，并受邀担任《图书馆》杂志的特约通讯员。1979年，由于他在全国图书馆界所享有的崇高声望，他被选为全国图书馆学会的理事，并被聘为该学会学术委员会委员。1980年，江苏省图书馆学会授予他名誉理事的荣誉称号。此外，从1964年至1983年去世前，他一直是江苏省政协委员。

纵观施廷镛先生的人生轨迹，他的一生于文化事业有两大突出贡献：一是对我国近现代图书馆事业的发展所做的许多开拓性的工作。自1922年被调入东南大学图书馆工作开始，直到先生仙逝，可以毫不夸张地说，他把毕生精力都无私地奉献给了中国的图书馆事业。他在东南大学时，曾利用暑假开设图书馆学的有关课程，向学生传播和普及图书馆知识；直接参与图书馆的建设，曾参加筹备建立故宫博物院图书馆的工作；先后在南京、江苏、北平等地的图书馆协会任职并担任领导工作，对当地图书馆事业的发展呕心沥血；在图书馆学理论的研究方面也有重大贡献，特别是在图书分类方面。1937 年在清华大学图书馆工作期间，他曾主持了对图书的科学分类工作，并创编了《图书分类法》和《著者号码表》。此分类法被称为"施法"，与当时由我国著名的图书馆学家刘国钧先生创编的"刘法"并称于一时。据清华大学图书馆的同行介绍，直到今天，清华大学图书馆的中文古籍分类仍沿用"施法"。

2005 年 10 月，笔者赴大连参加中国历史文献研究会第 26 届年会，见到学会秘书长、华中师范大学历史文献所的顾志华教授。不知顾先生从何处得知笔者正在整理施廷镛先生的遗著（时《古籍珍稀版本知见录》一书已于年初出版），兴奋地对我说，他就是施先生带过的唯一一届研究生中的一位。顾先生是北京大学历史系毕业的，据他回忆：1978 年，全国招图书馆学专业的研究生共六人，导师除了施廷镛先生，还有武汉大学的彭斐章先生和谢灼华先生。施先生时任南京大学图书馆副馆长，已是八十五岁高龄，应该是年龄最大的研究生导师了。因施先生年事已高，所以这是他带过的唯一一届研究生。施先生一共招了两名学生，一名是顾先生，另一名是毕业于南京大学中文系，现在安徽大学信息管理系任教的卢贤中教授。施先生主要给研究生开设"版本学"的课程，每周在家授课一次。顾先生说，施先生上课十分认真，面对各种资料，讲起来滔滔不绝，头头是道，每次都是两个小时以上。施先生年纪大了，学生们虽然听得"过瘾"，但怕先生太过劳累，总是劝他多休息。但先生正讲到兴头上，怎么肯停下来。顾先生感言，这段从学经历，使自己获益匪浅。

而且正是由于施先生的建议，顾先生研究生毕业后才选择了到华中师范大学任教，而且一直到今天。

二是不遗余力地抢救整理国故。先生是因为对古籍版本目录学怀有极大的兴趣而被调入图书馆工作的，此后一生都致力于古籍整理工作。1925 年 8 月，他被清室善后委员会聘为顾问，清点和整理故宫图书，筹备建立故宫图书馆。故宫博物院成立时，他亲自筹办了故宫藏书展览，并将故宫藏书的调查结果写成《故宫图书记》一文，留下了十分珍贵的资料。在整理昭仁殿藏书时，编撰了《天禄琳琅查存书目》，使许多珍贵的档案文献免于湮没，抢救了大量宝贵的祖国文化遗产。他还对《掌故丛编》第十辑中的《禁书目录》进行了校注。在图书馆工作的几十年里，他所从事的工作也基本没有离开过古籍的采买与编目。他还曾编写了《古籍版本学浅谈》的讲稿，在高校中普及古籍版本学教育。先后主持编印了《国立清华大学图书馆中文图书目录甲编一》《国立清华大学图书馆丛书子目书名索引》《南京大学图书馆中文旧籍分类目录（初稿）》，对高校图书馆的古籍整理工作做出了很大贡献。先生一生勤勉，即便是退休在家，仍笔耕不辍，直到 1983 年去世。

先生对古籍丛书颇有研究，知见亦广，经眼者逾三千种。先生晚年几乎将所有精力都投入到对古籍丛书的整理之中，虽年事已高，仍一丝不苟，书稿皆以工楷书成。我国最早的丛书是南宋嘉泰年间俞鼎孙、俞经合辑的《儒学警悟》，只不过它只有丛书之实，而无丛书之名。而要追溯丛书起源，其雏形早在西汉时即已出现了。司马迁《史记·孔子世家》所记载的《六经》，实际上就是一种专门性的丛书。"丛书"之名是唐代才有的，如陆龟蒙所著的《丽泽丛书》，但它只有丛书之名，而无丛书之实，是一部阐发闲情逸致的个人笔记。明代，是丛书编纂、刊刻的兴盛时期。到了清代，丛书的发展进入黄金时期。特别是乾隆到道光前期的

清中期，古籍丛书的编纂、刊刻蔚然成风。与之相适应，有关丛书目录
的编制也应运而生了，如顾修所编的《汇刻书目》、傅云龙所编的《续汇
刻书目》、杨守敬所编的《丛书举要》、孙殿起所编的《丛书目录拾遗》
等等。这些目录虽对丛书的研究与查检提供了方便，但在使用上亦有缺
憾，只能查一丛书中都收有些什么书，而不能查某一书都收入了哪些丛
书。这不仅是丛书目录的一大缺憾，也是古代所编所有目录的共同问题。
施廷镛先生在整理古籍丛书方面的一大贡献，就是弥补了这一缺陷。施
先生在 20 世纪 30 年代编辑出版的《丛书子目书名索引》，实为由子目检
索丛书的开山之作。新中国成立后倾举国之力编纂而成的《中国丛书综
录》，可说是古籍丛书目录之集大成者；而先生以一己之力成开先河之举，
真可谓居功至伟。据施锐先生讲，鉴于施廷镛先生对于古籍丛书研究的
高深造诣，当年编写《中国丛书综录》时，曾力邀先生参加，时因先生
大作将成而未襄赞厥事。遗憾的是，书稿未及付梓，先生驾鹤西归了。
2003 年，在先生辞世二十周年之际，北京图书馆出版社（今国家图书馆
出版社）终于将先生的这部倾心力作刊印出版，并名之为《中国丛书综
录续编》。近两年来，北京图书馆出版社还相继整理出版了《中国丛书题
识》（2003 年版）、《中国丛书知见录》（2005 年版）等先生的另外两部遗
著，使先生的学术成果能传给后人。

　　施廷镛先生曾先后在燕京大学和北京大学图书馆工作过，是笔者的
老前辈。几个月来，虽杂事繁冗，但笔者几乎将所有的工余时间全部花
在对这部《古籍珍稀版本知见录》遗稿的整理和校对中了。先生的淹雅
学识，给了笔者许多教益。特别是那工整的笔迹，已在笔者的脑海中打
下了深深的烙印，先生国学功底之深厚、治学之严谨精勤也由此可见一
斑。也许是对此书全身心的投入，那种既陌生又熟悉的感觉反而渐渐被
淡忘了。直到有一天，翻检燕京大学图书馆馆藏目录，卡片上的笔迹猛

然间和脑海中先生遗稿的笔迹吻合了，由此解开了长久以来系于笔者以及本馆所有同仁心中的一个心结。

北京大学是我国的最高学府，自 1898 年建校，至今已有一百零八年的历史了。百多年来，经过数代员工的不懈努力，北京大学图书馆才有了今天富藏古籍一百五十万册、位列全国三甲、雄居高校之首的辉煌。这其中也凝聚着施先生的心血。现北京大学图书馆所藏古籍主要由两大部分构成：一是原燕京大学图书馆所购藏，二是老北京大学图书馆所购藏。熟悉北大图书馆馆藏古籍的人都知道，无论是从版本年代、书品质量、善本标准，还是从编目水平、目录建设等诸多方面，原燕京大学图书馆的水平都优于老北京大学图书馆，这是我们从事古籍工作者公认的不争之实。我馆现存的数万张燕大古籍卡片目录，就是先生当年在燕大图书馆任中日文编目组组长时主持编制而成的，而且有相当大一部分卡片是先生亲笔抄写的，那工整秀丽的字迹，真是让人赏心悦目；那准确而细致的著录，更是让内行人由衷地钦佩编者的深厚功底。最为难能可贵的是，在计算机技术普遍应用于图书馆，特别是自动化程度在全国居于领先地位的北大图书馆，目前这些卡片仍旧发挥着不可替代的作用。遗憾的是，长久以来，这些卡片目录编制者的姓名已经被人们淡忘了；若不是整理先生遗稿，恐怕这个谜永远也解不开。在由衷地感谢施廷镛先生给我们留下的这笔宝贵财富的同时，心中也涌起无尽的感叹：先生作古已整整二十三年了，而我们在尽享前人所赐恩泽的同时，竟不知这挖井之人为何人！因此，能有机会整理先生之遗作，实乃笔者之大幸，也是一种缘分。整理出版先生之遗作，不仅是我们这些"后辈同事"表达对先生深深缅怀和诚挚敬意的一种方式，更可让先生之学术嘉惠学林后人，让先生之思想和精神传之不朽！

先生此部遗稿共分为前、后两个部分，以前半部分为主，内容涉及版本知见、雕版印刷史、金石碑铭、甲骨简册、版本鉴定、工具书介绍等等。前半部分内容即如遗稿标题所示，是先生所知所见的珍稀版本，乃先生随手而记，其中还有许多有价值的考订。也许正因为是随手而记，未经整理校核，因此编排十分混乱，如宋本中既有元本、明本，又有写本、抄本；且有重复著录；其他诸如笔误、失考、语焉不详以及与上下文皆不相干之文字也有许多处。但总体来讲还是完整的。从遗稿的后半部分看，先生的初衷显然是想将其整理为一部版本学的教材，惜未能完成，因此内容缺乏连贯，更不系统、完整。为弥补这一缺憾，并补原稿篇幅之不足，在征得先生家属同意后，我们在版本鉴定部分，加入了先生另一遗作《中国古籍版本概要》的部分内容。2004 年的金秋 10 月，笔者赴安徽合肥参加"徽学与明清安徽典籍研究暨中国历史文献研究会第 25 届年会"。与会期间，与河北师范大学历史系的杨寄林教授闲谈。杨先生给研究生开设"版本目录学"课程，但一是苦于无版本实物，学生只能从老师那里获得一些理性的版本知识，而见不到实物，无异于纸上谈兵；二是苦于没有好的教学参考书，手头的一本施廷镛先生所著《中国古籍版本概要》错误极多，"用起来都害怕"。回京后，笔者找来此书，是天津古籍出版社 1987 年出版的。随手一翻，果如先生所言，舛误随处可见，读之令人悚然。令笔者难以置信的是，此书竟然是中国古代印刷史专家、对活字印刷颇有研究的张秀民先生所校。

《古籍珍稀版本知见录》的书稿先前是投寄给文史知识出版社的，经审阅之后认为价值不大而退稿。笔者以为，这与该稿编排混乱、失之整理不无关系，而要整理此稿，是一项十分繁重而艰巨的工作。后又转投北京图书馆出版社，因有整理《清代禁毁书目题注 / 外一种》之前缘，故而古籍整理影印编辑室的贾贵荣老师又将此稿转交于笔者，想请笔者看一下是否有学术价值。通读一遍之后笔者认为，此稿属于版本学的普及性读物，虽庞杂无序，失之校勘，学术上亦乏创见，但还是具有一定的资料价值的。特别是对于那些从事古籍版本研究工作，又没有条件接触到如此丰富珍稀版本的同志而言，此书不啻于一笔弥足珍贵的资料，值得一出。不过，要使此稿达到出版的标准，确实要花大力气进行整理。蒙施先生家属及贾老师的信任，笔者得以再续前缘，并由此解开了上文所述之谜。事实证明，我们的判断是完全正确的：经笔者到万圣书园、风入松和汉学书店等京城有名的几家学术书店询访，此书的销售情况相当不错。据贾老师讲，此书是 2005 年该社的销量"状元"。光是经笔者之手送出的就有近百册之多，这其中既有笔者的亲朋好友，也有许多素不相识者，因慕此书而托笔者的亲朋好友求赠。在此我们应该感谢施先生的亲属，特别是先生冢子施锐先生，能将先生的宝贵知识遗产奉献于社会，嘉惠于学林而不至湮没，可谓功德无量。

此部《古籍珍稀版本知见录》之整理，较之《清代禁毁书目题注 / 外一种》有所不同。后者从整体而言，已是一部成熟而完整的著作；而且从内容上来讲，主题专一而明确，基本上是对清代禁毁文献的客观描述，因此整理工作也相对简单，仅限于校对和索引的编制。而前者是先生一部尚未完成的遗作，未经整理与校对，缺乏系统性与完整性。且内容庞杂，混乱无序，既有客观描述，也有作者的一家之言，同时还有作者大量的考证。这就给笔者的整理工作造成许多困难。所以，在总的整理原则上，笔者认为不能破坏作者原来的框架结构和整体思路，也就是要保持著作的原汁原味。这是一个最最基本的原则，但做起来确实十分困难，有些地方也确是笔者所无法做到的。虽然身兼着《中国古籍总目》《中华儒藏》《清史》《中国少数民族古籍总目提要》《中国家谱词典》《中华再造善本》等几个全国重点项目，忙得狼狈不堪，但先生的这部遗稿我还是十分用心的，因为要对得起先生，对得起先生的家属，也要对得起读者。笔者虽不奢望自己的工作能给先生的著作增色添彩，但至少不要给它画蛇添足甚至抹黑。由于时间仓促，其中肯定还会有许多疏漏，但笔者自信，上述两点笔者都做到了。这也使笔者终于释然：对先生、对先生家属、对自己总算都有个交待了。

笔者具体的整理工作主要有以下内容：

1. 将所有的年号纪年、干支纪年、太岁纪年都标注以公元纪年。许多年代只有干支或太岁，并无朝代、年号，笔者都作了认真的查考，非确凿无疑则不予标注。对一些年号纪年的年尾年头问题，都查检《中西回史日历》进行了公元纪年的转换。

2. 稿中标点错误较多，大量引文又无标点。笔者对全稿的标点进行了校正，并对无标点引文加注了标点。

3. 对所有内容进行条分缕析，剔除了其中的重复著录，纠正了编排上诸如宋本中既有元本、明本，又有明、清影宋抄本的混乱。

4. 稿中所著录之珍稀版本，凡现存北大图书馆者，均逐一进行了认真核对，纠正了稿中以及本馆著录中的许多错误。

5. 以按语的形式，对稿中讹误及语焉不详之处加了注解，其中有许多是笔者个人的考证。

6. 稿中引文多凭作者记忆，因而脱漏极多，这也是老一代学者在引文时的习惯。笔者对绝大多数引文进行了核对，补其脱漏，正其讹舛，并注明其出处。因时间紧迫，也为检索核对迅捷方便，笔者使用了电子版的《文渊阁四库全书》。《四库全书》乃中国古代典籍之渊薮，但由于抄写舛误甚多，历来为学者所慎用。笔者显然是犯了校勘之大忌，但这也是不得已而为之。不过，给读者提供了一个具体的出处，也可方便读者按此线索核对其他版本，以校异文之正误。

7. 此稿乃先生多年心血之凝聚，所著录的珍稀版本具有较高的资料价值。为了更好地体现其价值，也为了更方便读者使用，笔者特仿照瞿冕良先生编著的《中国古籍版刻辞典》，为稿中"珍稀版本知见录"部分编制了书名、作者、序作者、校勘者、出版者、刻工、抄书者等的混排索引。

8. 稿中有许多人名是以字号著录的，如钱竹汀、秦酉岩等。笔者在其第一次以字号出现时，都在其后注明本名，此后如再以字号出现则不注。索引中亦如是。

9. 如同一条目在稿中同一页出现多次，索引中则只出现一次而不反映其出现次数。

10. 稿中凡笔者所加按语或注记，皆用楷体以示与原稿之区分。按语前加"李按"二字。

11. 就本馆所藏，为手稿中所著录的古籍选配了部分书影。

总之，此稿的前半部分以客观描述为主，且所著录之珍稀版本有很多都是燕大和老北大图书馆旧藏，有的至今仍保存于北大图书馆，为书稿的核对带来了极大的便利。因此，笔者对前半部分的改动较多，主要是结构上的"拨乱反正"，以及大量的纠谬。后半部分为作者个人的学术见解，只是文字上的校对，未作改动。

《古籍珍稀版本知见录》出版之后，笔者又承接整理了施廷镛先生的第三部遗稿——《中国丛书知见录》，这部共六册的巨著已于 2005 年 10 月由北京图书馆出版社出版。2005 年初冬的一天，从未谋面的施锐老先生忽然来访，特为致谢。笔者稍觉心安，说明施先生家属对笔者工作的肯定与认可。叙谈之中，施锐先生谈及家中还有施廷镛先生遗稿，并正与天津古籍出版社商谈出版事宜。笔者因此想起天津古籍 1987 年出版的施廷镛先生著、张秀民先生校《中国古籍版本概要》，其中讹误之多令人不堪入睹，遂建言施锐先生请天津古籍重校再版。先生亦有此意，并当即诚邀笔者重校此书。

笔者才疏而识陋，在《古籍珍稀版本知见录》一书的整理工作中肯定会有谫陋之处，敬请方家指教；如有不敬之处，也请施锐先生及施先生家属海涵。

（发表于《天一阁文丛》第三辑，2006 年版）

附记：

《古籍珍稀版本知见录》是我国著名的图书馆学家、古文献学家，也是我的前辈同事施廷镛先生的遗著。说是遗著，其实就是施老几十年工作中积累下来的、随手抄录的资料和卡片，从出版的角度来说，完全达不到出版的要求。因此，当施老长子施锐先生拿着厚厚的手稿找到出版社时，都被以"价值不高"为理由婉拒了。其实并不是"价值不高"，而是书稿散乱无序，不成体系，完全是一堆"原材料"。要使其达到出版要求，需要花大力气进行整理校订，甚至是"再创作"。出版社搭不起这工夫，也找不到愿意和能做这件苦差事的人。最后，书稿被北京图书馆出版社的贾贵荣老师留下了，并请我来做这部书的整理校订工作。拿到书稿一看，我也很头疼，毫无头绪可言。唯一让我有一点点信心的，是我发现书稿中的很多书都标注着藏于北京大学图书馆，核对起来比较方便。另一个吸引我的，就是书稿上那隽秀的、似曾相识的笔迹。整理工作异常艰苦，已记不清到底校了几遍，最后校稿摞起来，真是厚几盈尺。就这样把一部"濒死"的书生生地从死亡线上拉了回来。2005 年，书出版了，据说是社里当年的销售状元；而且第二年就再版了，还被指定为国家古籍保护中心所办的各种培训班、学历班的教材。去年，第二版也全部售罄。让我更没有想到的是，该书在出版的第二年（2006年）就获得"2005年度全国优秀古籍图书奖"二等奖；2007年又获得第三届"余志明《文渊阁〈四库全书〉》电子版学术成果奖"三等奖。连我自己都吃惊：我是怎么做到的？甚至直到现在我还在想：是什么给了贾老师如此大的信心和勇气，敢把这样一个"硬"活儿交给我这么个三十来岁的编外编辑？

此书对我个人来讲意义非凡，是我学术生涯上的一个里程碑。首先，它标志着经过十五年的实践与磨练，我在学术上开始由幼稚期向成熟期迈进，跨上了一个新台阶。在学术研究的意识上，开始由被动研究转向主动研究；在学术研究方向上，由广而杂向专而精发展；在学术自信方面得到很大的提升，确立了自己学术坚守的信念；在学术研究成果方面，无论是在数量上，还是在质量上，都有明显的提升；在学术责任方面，由埋头做自己的事，变得更有学术担当，主动去担负更多的责任……

感谢贾贵荣老师、殷梦霞老师等国图社的各位老师的厚爱与信任！感谢国图社对我的历练！雄飞有今天是因为有你们！

"瑴""毂"考辨

"瑴"与"毂"一笔之差，却是截然不同的两个字。

"瑴"音 jué，双玉谓之瑴。《说文解字·玨部》注曰："瑴，玨或从㲉。"《左传·庄公十八年》中云："春，虢公、晋侯朝王。王飨醴，命之宥，皆赐玉五瑴、马三匹，非礼也。"晋杜预注曰："双玉为瑴。"唐陆德明释文："瑴音角。字又作玨。"明李时珍《本草纲目·金石·青玉》云："二玉相合曰瑴，此玉常合生故也。"《国语·鲁语上》："（僖）公悦，行玉二十瑴，乃免卫侯。"三国吴韦昭注："双玉曰瑴。"

"毂"音 kū，意为未烧的砖，即砖坯。《玉篇·土部》云："毂，墼土也。"宋李诫《营造法式·总释下·砖》云："塗甓谓之毂。""墼"音 jī，意为砖或砖坯。"甓"音 pì，其意亦为砖。清郝懿行《尔雅义疏》云："墼与甓皆今之砖，但墼未烧为异耳。""塗"音 tú，《广雅·释诂三》云："塗，泥也。"那么"塗甓"就很好理解了，"泥砖"当然是指未烧的砖，亦即砖坯。

"瑴"与"毂"均非常用字，特别是"毂"，普通字典多不收录。两字虽仅一笔之差，但其意相去甚远，切不可相混。"瑴"在古代多用于人名。例如我馆藏有许祖京撰，清同治十三年（1874）许延瑴刻本《书经述》，系据嘉庆十七年（1812）刻本翻刻。作者许祖京（1732—1805），字依之，浙江德清人，乾隆己丑（乾隆三十四年，1769）进士，《国朝耆献类征》卷一百八十八有传。刻书者许延毂，乃祖京之孙。书后有其跋，言刻书事，末题"同治十三年二月孙延毂谨识"。以砖为名，于文人似欠雅致；从文意上来讲，"延毂"似亦难以解释，故疑之有误。按一般规律，字是名的解释和补充。延毂字子双，与砖、砖坯风马牛不相及；而毂为双玉，正与"子双"相和，故笔者以为书中所刻有误，应该是许延毂，而不是许延毂。此书乃许氏家刻本，刻书者总不至于把自己的名字都刻错吧？其实，这也没什么奇怪的。首先要搞清的是，在我国古代的图书出版中，刻书者与刻工是两个完全不同"工种"的行为人。刻书者是出版活动的主持人，多数情况下是出版活动的投资人。从某种意义上来讲，他还兼有我们现在所说的版权所有者的职能。如果套用现代出版业，其角色类似于出版社。而刻工，其工作内容就是以刻刀为工具，将出版内容刊刻于印刷介质上，其工作性质相当于计算机应用之前的现代出版业中的印刷工人。所以，许延毂并不是刻印的实际操作人，当然也不是致误的直接责任人。实情可能是这样的：因为"毂"与"毂"差别非常细微，不易被人察觉，所以先是写书上版之人漏掉了一笔，继而刻工因误而刻。而刻书者许延毂大概只注意了对先大父遗著内容的校对，竟然连自己的名字被刻错都未发现，应负校对不精之责。

（发表于《中国典籍与文化》2007 年第 1 期）

附记：

2007 年对我来说，是人生中的一个重要年份。这一年的年底，我在不惑之年荣升为父亲。为了迎接这个新生命的到来，我做出了"封笔"

的决定，并且不出差开会，不接任何占用我业余时间的项目。自升入中级职称后，我给自己定了一个小目标：每年发表两篇论文。2008 年，我将申报副高职称，为稳妥起见，还是想把自己的"硬件"准备得更充分些。于是便"搜刮"之前积攒的零碎资料，发了《祭肜姓名辩证》(《中国典籍与文化》2007 年第 1 期)、《"毂""毂"考辨》(《中国典籍与文化》2007 年第 1 期)和《〈固村观玩集稿〉作者小考》(《文献》2007 年第 2 期)三篇补白小文。让我没有想到的是，就是这样三篇豆腐块儿文章，居然还屡屡被人引用，看来是学问无大小啊！

祭肜姓名辨证

祭肜，后汉初之名臣，颍川郡颍阳县（今河南许昌）人。早孤，以至孝见称于乡里。其从兄祭遵，字弟孙，乃后汉开国元勋，曾从光武帝平河北，以功拜征虏将军，封颍阳侯。光武帝时，祭肜以从兄故拜为黄门侍郎。后汉初年，边疆不靖，尤以北患为烈，匈奴联合鲜卑、赤山、乌桓等北方少数民族，数度进攻塞内，成为中原统治者的心腹之患。时事造英雄，危急时刻，祭肜的才能显露出来。朝廷拜他为辽东太守，镇守东北边陲。他以寡兵敌众强虏，破赤山，摧鲜卑，挫乌桓，威声震于北方。自是匈奴势衰，边关无警。祭肜镇守辽东几三十年，显宗嘉其殊功，征为太仆，赐金、马、衣、被，委以重任。他死后，鲜卑、乌桓仍思之，朝贡不断，誓不为患。辽东官民亦感其泽被，为立祠奉祀，以铭盛德。《后汉书》卷二十有传。

关于祭肜的姓名，文献记载有所不同，多为"祭肜"。"肜""彤"二字字形相近，其中必有一误。究竟孰是孰非，我们还是先从分析"彤""肜"二字的字义入手：

"彤"字是常用字，《说文解字》云："彤，丹饰也。"其义项有五，分别为：1.用红色涂饰器物。2.赤红色。3.彤管（笔）的简称。4.周代国名。在今陕西省华县境。5.姓。"肜"字有两个读音，一作róng，有两个义项：

1.商代祭祀的名称。指祭祀之后第二天又进行的祭祀。《尔雅·释天》云："绎，又祭也。周曰绎，商曰肜。"宋邢昺疏引三国魏孙炎云："肜日，相寻不绝之意也。"2.姓。"肜"与"彤"唯一有联系的就是作姓氏。《元和姓纂》卷一云："肜，本姓彤氏，避仇改姓肜。"二者虽在姓氏上有渊源，但在字义上并不相通。一作 chēn，船行貌。

古人的表字多为名的解释与补充，按照这一普遍规律，我们来分析一下祭肜的名与字。祭肜字次孙，"彤"字的五个义项与祭肜表字皆无关联。"肜"字的第二个义项（音 chēn）也与之毫不相干，只有作商祭名（音 róng）时才可解释得通。古人是非常重视表字的选取的，通常表字与名的关系主要有以下几种：1.同义关系；2.相辅关系；3.反义关系；4.照应关系。《书·高宗肜日序》云："祖巳训诸王，作《高宗肜日》。"唐孔颖达疏："祭之明日皆为肜祭。"明日即次日，肜即指次日又行之祭祀，"肜"与"次"似有相合之处，此表字与名应属相辅关系。同样，古人在重视名与字呼应的同时，也非常注重名与姓的和谐关系，祭肜就是一个十分典型的例证："祭"与"肜"均为祭祀，属同义关系。因此，无论从名与字的呼应，还是从姓与名的和谐来看，"祭肜"应该是正确的。文献中所载"祭彤"，显然是"祭肜"之误。

而民国二十二年（1933）铅印本《黑龙江志稿》中的记载则更为离谱了，其中卷四十九职官志的宦绩中载有《蔡肜传》，并注引自《后汉书》。查《后汉书》中并无《蔡肜传》，只有《祭肜传》，二传相校，内容完全一致，亦即"蔡肜""祭肜"当为一人，"蔡肜"乃"祭肜"之误也。

（发表于《中国典籍与文化》2007 年第 1 期）

附记：

本文结论曾被多次引用。

《固村观玩集稿》作者小考

中华书局 1993 年出版的《续修四库全书总目提要》经部易类中，著录有清人侯起元所著《固村观玩集稿》二卷。著名学者尚秉和先生为此书撰写的提要云："是书于经传不章解句释，六十四卦各为一篇。文言则只释数处，其余系辞、说卦、序卦、杂卦之属皆阙。其要演绎义理，大氐以程传朱义为宗。然有空泛甚于程朱者，如……有穿凿背于程朱者，如……又有与易旨全相背者，如……其他训诂之未审者，如……若此之类，更不足挂齿。盖易解至斯，为最下矣。"看来，尚秉和先生对此书评价很低。

关于《固村观玩集稿》的作者侯起元，尚秉和先生在提要中提到："起元里居事迹均不详，惟据书中屡引及《周易折中》，又凡'颙'字皆避讳，知其为嘉庆间人。"《贩书偶记续编》中仅著录此书为"清侯起元撰，嘉庆丁卯（嘉庆十二年，1807）刊"，未详及起元爵里。其他一些著录此书的文献，提及作者时均言之"无考"。1994 年，原国家古籍整理出版规划小组立项编制《全国古籍总目》，北京大学图书馆古籍部承担了经部部分，笔者具体负责查考经部著者的生卒年，以备排序之需。那段时间，几乎每天都埋首于方志之中，在浩繁的文献记载中细密爬梳，探寻这些古代著者的儒行雅迹。真所谓"踏破铁鞋无觅处，得来全不费工夫"，在查考其他著者时，无意间发现了有关侯起元的详细记载，终使"无考"变成了"有载"。

检清道光十六年（1836）刻本《德阳县新志》卷十、十一、清道光十六年（1836）修十七年（1837）刻光绪三十一年（1905）印本《德阳县新志》卷九、1937年德阳县修志委员会印本《德阳县志》卷三，均有侯氏祖孙三代的传记，对侯起元之生平及《固村观玩集稿》的著述、刊刻过程皆有详细记载。侯起元之父名位一，四川德阳人，处士，性宽厚，有盛德，为乡人钦敬。起元字翰甫，号固村。幼入塾读书，年三十三由增广生登乾隆戊子（乾隆三十三年，1768）乡试，大挑就珙县、广安州教谕。丙午（乾隆五十一年，1786）丁父忧归，历掌绵竹、罗江、德阳教正。铨，又以奉养不出。至嘉庆八年（1803）丁艰服阙，始出川为官，任江苏溧阳县知县，清廉律己，慈惠治民。后以漕运罣误归，自此不干世纲，潜心坟典。尤笃志于易，探颐索隐，极深研几。尝取大易六十四卦，每卦合象爻经翼为一论，共计六十四篇，名《固村观玩录》行世。镌于嘉庆丁巳（嘉庆二年，1797），丁卯（嘉庆十二年，1807）翻刻。未几即致仕，两袖清风。卒于癸酉（嘉庆十八年，1813），卒年七十八。据此推算，侯起元当生于1736年，亦即乾隆元年。起元子宗秩，号树堂，乾隆丙午（乾隆五十一年，1786）举人，嘉庆辛酉（嘉庆六年，1801）摄直隶昌黎，授新安知县，改东光宰。丁父忧，服除选兵马司副指挥。秩满外补安徽东流县知县，以艰归，遂致仕不出，主讲孝感书院终其身。年八十四卒。著有《都门杂抄》。父子两世宦业，皆称贫约。

侯起元传中提及他著有《固村观玩录》一书，当即《续修四库全书总目提要》中所著录的《固村观玩集稿》，但两处题名略有出入，"集稿"二字更使人怀疑《固村观玩集稿》为辑作者原作残稿刻成而并非全帙。我馆亦藏有清嘉庆丁卯（嘉庆十二年，1807）刻本《固村观玩集稿》，题名源自封面，前无序，后无跋，开卷即正文，卷端、卷末、版心及正文等处均未见该书任何题名。诚如传中所言，此书"取大易六十四卦，每卦合象爻经翼为一论，共计六十四篇"，分为上、下两卷，篇帙完整，行文连贯，不似有残缺之处。起元传云，此书初刻于嘉庆二年（1797），嘉庆十二年（1807）翻刻。据嘉庆十八年（1813）修光绪二十二年（1896）刻本《溧阳县志》卷九职官志载：侯起元"嘉庆八年（1803）十月十一日到任，（嘉庆）十二年（1807）十月初十日告病卸事"。又据传云，作者在此书翻刻完成后"未几即致仕"，则此时侯起元应正在溧阳知县任上，那么刻书地亦应在溧阳。可见，不管是初刻还是翻刻，作者都健在，并很有可能亲与其事。由此推论，作者原书稿当不致残缺，《固村观玩集稿》即为全帙。

由侯起元从"无考"变为"有载"可见，很多古人行迹并非"无考"，而是湮没于浩如烟海的古籍中尚未被我们所发现。2001年，北京图书馆出版社编辑影印大型丛书《地方志人物传记资料丛刊》，并花大力气组织编制了人名索引，为查考历代人物提供了全面、丰富的资料和检索的极大便利，这无疑是授治学者以钻研"利器"，嘉惠学林的一件大好事。目前，此丛书的西北、东北、华北等卷已相继出版，相信此书的出版，会帮我们破解更多的"无考"之谜。

（发表于《文献》2007年第2期，发表时改名为《〈固村观玩集稿〉作者小考》）

附记：

我刚入行时，正赶上本馆启动摸清家底、编纂馆藏古籍目录的项目。

该目录设计以四部分类法为基础，增加了一个"丛书部"。各部类之中，以责任者的生活年代来排序。对于一个刚入行的"菜鸟"，我最初的工作除了填写工作单外，就是查考责任者的生卒年。特别是后者，做了很多年，积累了三十余万字的人物传记资料，为以后整理校订《疑年录集成》、参加国家重大项目《中国古籍总目》的编纂工作和国图出版社人物传记资料数据库的建设工作，都发挥了很大作用。

《镜花缘》版本补叙

2007 年 1 月 29 日的《藏书报》，刊登了陈炜先生所撰《〈镜花缘〉版本知多少》一文。正在伏案拜读，作家出版社影印出版的《清·孙继芳绘镜花缘》发到了手里，真的是应了这个"缘"字。

《镜花缘》的作者是李汝珍，字松石，号老松、青莲、北平子、松石道人等，顺天府大兴县人，用我们今天的话说就是北京人。他于乾隆四十七年（1782）随兄李汝璜（字佛云）宦游海州（今江苏连云港）[①]，遂移家海州之板浦。后又娶板浦才子许乔林、许桂林兄弟的堂姐许氏[②] 为妻。自此，李汝珍已完全成了一个海州人，在此安家落户，并与海州结下了一生的不解之缘，连其著述也被收入《连云港市艺文志》中。

---

① 见李汝珍撰，张慧剑编著《李氏音鉴·第三十三》。上海古籍出版社 1986 年出版的《明清江苏文人年表》第 1244 页载："（清乾隆五十三年，1788）直隶李汝珍（松石）侨居板浦，因兄李汝璜交凌廷堪，此际从廷堪学。"此处误将李汝珍随兄迁居海州板浦与师从凌廷堪的时间混同了，实际上是乾隆四十七年（1782）迁居，乾隆五十三年（1788）师从凌氏。凌廷堪（1757—1809），乾嘉间著名学者。字次仲，号仲子，安徽歙县人。乾隆五十八年（1793）进士，官至宁国府教授。晚年主讲紫阳书院。精通经学、历算、地理、音律。一生著述宏富，有《礼经释例》《魏书音义》《燕乐考原》《元遗山年谱》《校礼堂集》等。

② 陈炜先生文中误作"许堂林堂姐"。许乔林、许桂林兄弟，一为文学家，一为数学家，二人皆学贯古今，闻名遐迩，被誉为"板浦才子""板浦二许""许氏双林"。

陈炜先生根据《连云港市艺文志》的统计，列出了截止到 20 世纪 90 年代初期，《镜花缘》除外文译本外的二十五个版本，其中清代版本二十个，即：1.清嘉庆二十二年（1817）江宁桃红镇坊刻本；2.清嘉庆二十三年（1818）苏州原刻本；3.清道光元年（1821）刻本；4.清道光八年（1828）广州芥子园刻本；5.清道光十年（1830）芥子园刻巾箱本；6.清道光十二年（1832）广州芥子园刻本；7.清道光二十一年（1841）连云港市博物馆藏本；8.清道光二十二年（1842）广东英德堂刻本；9.清道光间刻本；10.清咸丰四年（1854）百花香岛刻本；11.清咸丰八年（1858）广东佛山连云阁刻本；12.清同治八年（1869）翠筠山房刻本；13.清光绪三年（1877）怀德堂刻本；14.清光绪十四年（1888）上海点石斋石印本；15.清光绪十六年（1890）上海广百宋斋石印本及铅印本；16.清光绪二十一年（1895）上海积山书局石印本；17.清光绪二十三年（1897）上海石印书局石印本；18.清光绪三十一年（1905）上海书局石印本；19.清光绪三十三年（1907）上海普新瑞记书局石印本；20.清光绪间上海铅印《申报馆丛书》本。《镜花缘》的初稿完成于嘉庆二十二年（1817），并于同年由江宁桃红镇书坊刊行于世。自此之后的有清一代，此书以各种形式多次出版，翻刻本尤多。据笔者所知，其版本绝不止二十种，其影响之大、流传之广，由此可见一斑。北京大学图书馆藏有《镜花缘》的清代版本共十四个，作为《清·孙继芳绘镜花缘》一书的总校和编委，因编辑此书之故，笔者对本馆所藏《镜花缘》诸版本均曾寓目。现将余所知见各版本简述如下，以为陈文之补缀。本文所述《镜花缘》各版本，均以清代版本为限，且本馆所藏版本在陈文中已著录的，本文不再涉及。

本馆所藏《镜花缘》的十四个清代版本中，陈文中提到的只有清道光十二年（1832）芥子园刻本、清光绪十四年（1888）上海点石斋石印本、清光绪间上海铅印《申报馆丛书》本这三种版本，其余陈文中均未见载。

从这十四种版本的收藏源流来看，有三种是原燕京大学图书馆旧藏，其余十一种均为原北京大学图书馆旧藏。老北大所藏的十一种中，又有七种是"马氏藏书"。所谓"马氏藏书"，乃马廉先生藏书。马廉字隅卿，浙江鄞县人。其家旧宅与著名的天一阁①毗邻，不知是不是受了"天一之藏"的熏染，马廉从年轻的时候就喜欢蓄书。据马裕藻先生②回忆："（马廉）少喜搜集明末忠臣义士逸民之遗著"，"闻王君静安③、周君豫材④之风，则又潜心戏曲小说之研究"⑤。闲暇之时，徜徉于厂肆书摊，肆力搜求，收藏日渐繁富。1935年2月19日，马廉先生因突发脑溢血倒在了北京大学的讲台上，经抢救无效逝于北平协和医院。在马廉先生生前好友及亲属⑥的倡议下，北京大学收购了其藏书中小说戏曲部分，这就是北大图书馆的"马氏特藏"。上文提到的我馆所藏陈文著录的三个版本中，清道光十二年（1832）芥子园刻本和清光绪十四年（1888）上海点石斋石印本均为"马氏藏书"。清光绪间上海铅印《申报馆丛书》本本馆有两部，

---

① 中国现存最早的私家藏书楼，也是亚洲现有最古老的图书馆和世界最早的三大家族图书馆之一。坐落在今浙江省宁波市月湖之西的天一街，始建于明嘉靖四十年（1561），由时任兵部右侍郎的范钦主持建造。范钦平生喜欢收集古代典籍，其"天一之藏"鼎盛时达七万余卷。

② 马廉先生的二兄。

③ 即清末民初的国学大师王国维（1877—1927），字静安，号礼堂，浙江海宁人。

④ 即鲁迅先生（1881—1936），学名樟寿，后改名树人，字豫材，浙江绍兴人。

⑤ 见马裕藻先生所撰《今乐考证跋》，文载《续修四库全书·集部·曲类》第1759册第717页。

⑥ 在北京大学的早期历史上，曾有十一位著名教授，被冠以"一钱（钱玄同）、二周（周树人、周作人）、三沈（沈士远、沈尹默、沈兼士）、五马"的美名，留下了一段学林佳话。其中的"五马"，即指浙江鄞县马氏兄弟：二先生马裕藻，曾任北京大学国文系教授、系主任；四先生马衡，曾任北京大学史学系教授、图书馆馆长，后任故宫博物院院长；五先生马鉴，曾任燕京大学国文系教授、系主任、文学院院长；七先生马准，曾任北京大学教授；九先生马廉，曾任北京大学教授。正是由于马廉先生有这样一批和他一样，对北大有着深厚的感情和历史渊源的好友及亲属，在他们的极力倡议之下，先生所藏古代小说戏曲才得以归藏北大。

一部为老北大旧藏，一部为燕京大学旧藏。

在《镜花缘》的诸多版本中，清嘉庆二十三年（1818）苏州原刻本，是刊刻年代仅次于清嘉庆二十二年（1817）江宁桃红镇坊刻本的重要版本，流传稀少。说其重要，是因为它是后来《镜花缘》众多版本的祖本。在陈文及《中国通俗小说书目》①、《伦敦所见中国小说书目提要》②、《中国通俗小说总目提要》③、《新加坡国立大学中文图书馆藏中国明清通俗小说书目提要》④等通俗小说书目中，均著录此本为马廉先生旧藏，后归北京大学图书馆。但查本馆目录，并无此版本。在本馆所藏《镜花缘》的十四个清代版本中，有四个老北大图书馆的藏本没有具体的刊刻年代，均著录为清刻本，其中有三个为马氏藏书。第一种书高 16.9 厘米，宽 10.9 厘米。一百回，二十卷，每五回一卷，缺卷一。白口，单黑鱼尾，左右双边。板框高 12.5 厘米，宽 9.9 厘米。无直栏，半叶十行二十字。书眉镌评。此本乃坊间翻刻，错误百出。如卷三卷端的"镜花缘"，竟误作"镜花绿"。第二种书高 17.8 厘米，宽 11.5 厘米，马氏藏本。一百回，二十卷，存卷三至二十（十一至一百回）。白口，单黑鱼尾，左右双边。板框高 12 厘米，宽 9.8 厘米。无直栏，半叶十行二十字。书眉镌评。第三种书高 16 厘米，宽 11.1 厘米，马氏藏本，仅存像赞三册。第四种亦为马氏藏本，书高 17.9 厘米，宽 12 厘米。一百回，二十卷，全书共二

---

① 孙楷第著，作家出版社 1957 年版。

② 柳存仁编著，书目文献出版社 1982 年版。

③ 江苏省社会科学院明清小说研究中心、文学研究所编，中国文联出版公司 1990 年版。

④ 辜美高、李金生主编，新加坡国立大学汉学研究中心 1998 年。

函二十册，完整无缺。卷首有梅修居士石华①撰《镜花缘序》，序端钤有"鄞马廉字隅卿所藏图书"朱记。序后有孙吉昌、萧荣修、许祥龄、范博文、朱玫（女）、胡大钧等六家《镜花缘题词一百韵》。白口，单黑鱼尾，左右双边。板框高 12.4 厘米，宽 9.7 厘米。无直栏，半叶十行二十字。书眉镌评。此本是笔者所见《镜花缘》诸版本中刻印最好的，应该就是清嘉庆二十三年（1818）苏州原刻本。首函函套上有一贴签，上有佚名朱笔题："镜花缘二十卷一百回，清李汝珍撰，原刊初印本。二十本，二套。"签题也证明了这一点。以上四十种之所以著录为清刻本，皆因书前缺卷，封面、牌记、序跋等版本凭据均无。这恐怕就是孙楷第先生误将苏州原刻本疑作芥子园本的原因②。除苏州原刻本外，其余三个清刻本或许就是陈文所列的某个版本，但因未经比对而无法确认。

　　本馆有一清道光十年（1830）刻本，书高 17.9 厘米，宽 11.9 厘米，燕京大学图书馆旧藏。一百回，二十卷，无封面、牌记。卷前有海州许乔林③撰《镜花缘序》、武林（今杭州）洪棣元撰《镜花缘序》、己丑年（道光九年，1829）顺德麦大鹏撰隶书《镜花缘绣像序》、道光十年（1830）四会谢叶梅撰钟篆文《自序》及《自序释文》《镜花缘题词一百韵》。不过，此本的《镜花缘题词一百韵》，已不是苏州原刻本的六家，增加了邱祥生、金翀、金若兰（女）、浦承恩、钱守璞（女）、朱照、徐玉如（女）、陈瑜八家，共十四家。刻书年即据道光十年（1830）谢氏《自序》。另有谢叶梅画人物像一百零八幅，每幅均配有麦大鹏书赞。白口，单黑鱼尾，左右

---

　　① 即《镜花缘》作者李汝珍的好友许乔林，字石华，号梅修居士，海州人。关于许乔林的号，有的版本刻作"梅修居士"，有的作"梅修居士"。"梅修"是佛教中的词汇，似与"居士"更为贴近。

　　② 见《中国通俗小说书目》第 178 页。

　　③ 许乔林为海州人，该本序末署名误作"梅州许乔林"。

双边。板框高 12.2 厘米，宽 9.8 厘米。无直栏，半叶十行二十字。书眉镌评。
陈文中著录有清道光十年（1830）芥子园刻巾箱本，或即此本。此前《镜
花缘》的版本是有文无图，有绣像者，自此本始。陈文所著录的道光十二
年（1832）芥子园刻本，即据此本重刻。本馆所藏道光十二年（1832）芥
子园刻本为马氏藏本，是一个残本，仅存卷一、卷二两卷（第一至十回）。
书高 17.7 厘米，宽 11.4 厘米。封面题："镜花缘绣像 / 芥子园藏板。"在封
面上端居中，刻有椭圆形图案，中刻"有志竟成"四字。封后有芭蕉叶
形①牌记，上题："道光十二年岁次壬辰春王新摹 / 四会谢叶梅灵山氏画像
/ 顺德麦大鹏抟云子书赞。"其他内容与版式皆与道光十年（1830）芥子园
刻巾箱本同。白口，单黑鱼尾，左右双边。板框高 12.2 厘米，宽 9.8 厘米。
无直栏，半叶十行二十字。书眉镌评。本馆另有一清同治八年（1869）文
富堂刻本，书高 17.1 厘米，宽 11.8 厘米，内容与版式亦与上述两版本同。
只是将道光十二年（1832）芥子园刻本封面中的"芥子园藏板"换成了"文
富堂梓行"；将封后芭蕉叶形牌记中的"道光十二年岁次壬辰"换成了"同
治八年岁次己巳"。白口，单黑鱼尾，四周单边。板框高 12.1 厘米，宽 9.6
厘米。无直栏，半叶十行二十字。书眉镌评。目录端钤有"潘景郑所收说
部秘籍"朱记，可知此本曾经著名文献学家潘景郑先生藏过。可见，道光
十二年（1832）芥子园刻本和同治八年（1869）文富堂刻本，都是依道光
十年（1830）芥子园刻巾箱本仿刻的②。

---

① 柳存仁编著《伦敦所见中国小说书目提要》第 255 页误作"柳叶形"。

② 清道光十二年（1832）芥子园刻本与同治八年（1869）文富堂刻本中，海州许乔林序
末署名均误作"梅州许乔林"，此即后者仿刻前者而以讹传讹的有力佐证。随着仿刻、翻刻次
数的不断增加，错误也就越刻越多。如同治八年（1869）文富堂刻本中，武林洪棣元序末署名
误作"洪康元"。《镜花缘题词一百韵》的切斋孙吉昌，误作"词斋孙吉昌"。卷端题名多处将
"镜花缘"误作"镜花绿"等。

　　陈文中著录有一清光绪三年（1877）怀德堂刻本，本馆有两个不同版本的清光绪三年（1877）刻本，但均未见有"怀德堂"出处。其中一为老北大旧藏，书高 18.7 厘米，宽 11.4 厘米。一百回，二十卷。卷前无像、赞，有梅修居士石华序、武林洪棣元序。白口，单黑鱼尾，左右双边。板框高 12.1 厘米，宽 9.8 厘米。无直栏，半叶十行二十字。书眉镌评。另一为马氏藏本，书高 18.7 厘米，宽 11.4 厘米。一百回，二十卷。卷前有海州许乔林序、武林洪棣元序。另有四会谢叶梅画像，但无顺德麦大鹏书赞。白口，单黑鱼尾，左右双边。板框高 12.1 厘米，宽 9.8 厘米。无直栏，半叶十行二十字。书眉镌评。两个同为光绪三年（1877）所刻的不同板本，显然是照同一底本翻刻的。本馆另有一清光绪四年（1878）刻本，马氏藏本，书高 19 厘米，宽 12.2 厘米。一百回，二十卷。封面题："镜花缘 / 戊寅春月开雕 / 翻刻必究。"卷首有梅修居士石华序、武林洪棣元序及孙吉昌等十四家《镜花缘题词一百韵》。白口，单黑鱼尾，四周单边。板框高 12.1 厘米，宽 9.8 厘米。无直栏，半叶十行二十字。书眉镌评。其版式与光绪三年（1877）本同，显然是依其仿刻的。

　　通过以上对本馆所藏《镜花缘》诸版本的描述可以发现，从清嘉庆二十三年（1818）苏州原刻本起，到道光十年（1830）芥子园刻巾箱本，是《镜花缘》清代版本发展的一个分水岭：一是由有文无图变成了图文并茂，增加了谢叶梅画像和麦大鹏书赞，不管是从内容上还是从表现形式上，都更加丰富多彩；二是《镜花缘题词一百韵》，由最初的六家增加到十四家，说明《镜花缘》在不断传刻流布的过程中，其影响也越来越大。但从版式和编排体例来看，特别是刻本，一直保留着原刻本的影子，几乎毫无变化：开本均不大，白口，单黑鱼尾，左右双边（少数为四周单边）。无直栏，半叶十行二十字。书眉镌萧荣修、许祥龄等人评。一百回，二十卷。目录分回不分卷，正文五回为一卷。由此可见，作为祖本的清嘉庆二十三年（1818）苏州原刻本，对后来版本的影响之大。在《镜花缘》的诸多刻本中，尤以芥子园的仿刻本为多，而芥子园本也是由原刻本仿刻而来的。

除了珍贵的清嘉庆二十三年（1818）苏州原刻本外，本馆所藏最具特色的《镜花缘》版本，要数清光绪十九年（1893）孙继芳彩绘本《镜花缘图册》。此本为燕京大学图书馆旧藏，系孙继芳根据《镜花缘》的故事情节绘制的工笔重彩人物画，没有配文。全书共十函，每函一册，经折装，绢本，共有图二百幅。每幅图高 39.6 厘米，宽 33 厘米。第一百九十九幅左下角有墨笔题："光绪癸巳仿仇十洲 ① 笔意，筱山孙继芳敬绘。"孙继芳生平事迹无考，是清末一位名气不大的工笔画画师。《镜花缘图册》充分表现出孙继芳扎实的绘画功底和高超的绘画技巧。他的画笔法细腻，线条自然流畅，色彩艳丽明快；刚柔相济，浓淡相宜，虚实得体；人物肖像形象生动，栩栩如生；场景设计及构图巧妙，极具创造性和想象力，故事性极强，很好地展现了原著美轮美奂的如仙意境，观来引人入胜。

《镜花缘》从道光十年（1830）芥子园刻巾箱本开始有图像，在此后的绣像本中，基本上都是谢叶梅画像、麦大鹏书赞的本子。谢氏所画，均为人物肖像，而无故事情节。直到清光绪十四年（1888）上海点石斋石印本，才在人物肖像之外加入了有故事情节的插图。据此本卷前光绪十四年（1888）王韬 ② 所撰《镜花缘图像序》云："予少时好观小说家言。里中严君忆荪甫有此书，假归阅之，神志俱爽。首册所绘图像工巧绝伦，

① 即明代著名工笔画大家仇英（1502—1552 或 1503—1552），字实父，号十洲，江苏太仓人。

② 王韬（1828—1897），清末著名学者，江苏长洲（今苏州）人。

反覆细视，疑系出粤东剞劂手，非芥子园新镌本也。后虽有翻板者，远弗能逮。特有奇书，而无妙图，亦一憾事。予友李君风雅好事，倩沪中名手，以意构思，绘图百，绘像二十有四。于晚香园则别为一幅，楼台亭榭之胜，具有规模，诚于作者之用心毫发无遗憾矣。"孙继芳所绘二百幅图，有将近一半是参照点石斋本绘制的，其他为孙氏自创之作。参照部分并非全部摹仿，也融入了作者自己的思想。有的一回一幅，有的一回多幅，完全视情节需要而定。在所绘内容的选取上，作者是经过精心设计的，注意选取故事情节中最引人入胜的片段为题材，是对原著精髓的高度提炼。此次作家出版社出版的《清·孙继芳绘镜花缘》，就是据《镜花缘图册》影印的，设计精美，装帧考究，使该书具有较高的收藏价值和观赏价值。为了增加该书的可读性，编辑人员不仅纠正了原书装订次序上的错误，而且根据原著，为所绘各图撰写了简短的文字说明。北京大学中文系著名教授袁行霈先生，还欣然于百忙之中拨冗，为本书撰写了序文。

　　除了笔者经眼的本馆十四个《镜花缘》清代版本，《中国通俗小说总目提要》还著录了《镜花缘》的十六个清代版本，其中陈文所未载者有：清道光二十二年（1842）厚德堂刻本；上海校经山房石印本。后者出版年代不详，或清末，或民初。

（发表于《中国文化研究》2007 年第 3 期）

附记：

　　研究《镜花缘》版本的缘起，是编辑出版我馆所藏清光绪十九年（1893）孙继芳彩绘本《镜花缘图册》。蒙部主任张玉范老师信任，委我以文字总校之重任。为了完成这项工作，我第一次看了这部奇书，并结合馆藏各版本，对此书的版本进行了一番研究。引人入胜的故事情节和丰富的版本，让我惊叹这真是一部奇书！正是基于之前的版本研究，在看到陈炜先生所撰《〈镜花缘〉版本知多少》一文后，就有了这篇文章，而且促使我进一步深入研究。

《镜花缘》这部作品，无疑在中国古代文学史上占有重要的地位。著名小说研究家何满子先生，把《镜花缘》和《聊斋志异》《儒林外史》《红楼梦》同看作清代最重要的小说作品，把李汝珍与蒲松龄、吴敬梓、曹雪芹并称为"清代四大小说家"和"中国古代十大小说家"之一。我曾两次以《〈镜花缘〉及其版本》为题，在西城区图书馆一馆的"西图讲坛"做讲座。在与听众互动的环节，曾有一位文学爱好者问了我一个问题："既然《镜花缘》在中国古代文学史上、起码是在明清小说作品中占有如此之高的地位，如何满子先生所言，可与《聊斋志异》《儒林外史》《红楼梦》三部不朽的伟大作品相提并论，那为什么它的知名度却远不如另外三部作品呢？"这个问题问得非常好！也非常深刻！《镜花缘》名声不显的原因可能是多方面的，就其作品本身的"技术"层面来讲，我认为在整体性方面，与其他三部名著存在较大差距。一部文学作品之所以能够不朽，思想性一定是它的支点。读过《镜花缘》的人可能都有这样的感觉：前五十回引人入胜，让人拍案叫绝。作者李汝珍，通过一个个充满光怪陆离的故事，把一个怀才不遇的文人对现实社会的不满表现得活灵活现、淋漓尽致，其思想性不输其他三部名著。但后五十回则刻意卖弄自己的学问，淡而无味，形同嚼蜡，读来让人昏昏欲睡，破坏了作品的整体性、统一性和完整性。作品的思想性不但没有贯彻始终，反而大大降低了。所以，后五十回实为这部作品的一大败笔。

《书林掇英》整理后记

第一次看到《书林掇英》书稿是 2007 年的 9 月，其时妻子已怀孕七个月。不惑之年将为人父，无形中给这个新生命的孕育和诞生平添了一种神圣感。因此，早在妻子怀孕之前，我就给自己来了个"约法三章"：第一，"封笔"。从妻子怀孕起，无限期地停止一切学术撰述活动；第二，"驻足"。谢绝参加一切需要住宿或出差的学术会议；第三，"歇业"。不接受任何工作时间之外的公、私"副业"工作。在足球圈儿里，有一种对违纪球员十分严厉的处罚方式，叫作"三停"，也就是停薪、停赛、停训。我这也是一种"三停"，但为了与违纪"划清界限"，故戏称其为"三大纪律"。当年红军制定"三大纪律""八项注意"，是为了保证革命的成功；我的"三大纪律"，是为了全心全意地照顾妻子，迎接新生命的诞生。

此前，笔者与本书的责任编辑、国家图书馆出版社（以下简称国图出版社）的廖生训先生并不相识。2005 年，国图出版社出版了由笔者校订的施廷镛先生遗著——《古籍珍稀版本知见录》。此书相继荣获当年的"全国优秀古籍图书奖"二等奖和 2007 年的第三届"余志明《文渊阁〈四库全书〉》电子版学术成果奖"著述类三等奖，并于初版次年即因畅销而再版。也许是源于此书的成功，社内与笔者相熟的编辑极力推荐，廖生训这才找笔者来做《书林掇英》的校订工作。据他介绍，《书林掇英》是魏隐儒先生的遗稿。我与魏老虽无缘相识，但魏老的鼎鼎大名，却是在笔者一入行时就已如雷贯耳了。因此，不自觉地对这部书稿产生了浓厚的兴趣。将书稿带回家中，大致翻阅了一下，立即被其丰富翔实又趣味横生的内容所深深吸引，真是有些爱不释手。经与生训沟通，得悉此"活儿"不急，所以很痛快地就接了。心想再坚持三个月，笔者就当爸爸了，既然此"活儿"不急，那就可以等到孩子出生后再做，这样也就不算违反"三大纪律"了。三个月后，就在笔者和妻子的结婚纪念日前夜，上苍赐予我们夫妇一份天大的"厚礼"——伴随着平安夜清亮的钟声，我们天使般可爱的女儿如期而至。从此，家里有了一个"太阳"，而家庭其他的所有成员，随之都变成了围着"太阳"转的"卫星"了。又四个多月后，妻子休完产假上班，笔者这才开始了《书林掇英》的校订工作。本来是当爹前接的最后一个"活儿"，这下变成了当爹后接的第一个"活儿"了。有了女儿，也就意味着"工作重心"的转移，几乎没有什么属于自己的时间了。大概是因为之前有了校订《古籍珍稀版本知见录》的成功经验，所以对《书林掇英》的校订虽然进度较慢，但做起来还算轻车熟路，得心应手。之所以如此，还有一个重要的原因，那就是这两部书有着太多的相似之处，就像是一部"姊妹篇"。

首先，两部书的作者有着相似的从业经历。施老将毕生精力都奉献给了祖国的图书馆事业，具体地说，是献给了高校图书馆的古籍整理事业；而魏老赖以成名的主要工作经历，则是调到中国书店任古旧书刊划价员之后的事情。二人虽从事不同的职业，但工作性质是一样的，都是和古籍打交道。听施老冢子施锐先生讲，施老虽从年轻时代就喜欢上了版本目录之学，又几乎从工作之初就从事古籍整理工作，并终其一生，但从业之前却从未接受过任何版本目录学方面的正规教育。施老之所以能成为古籍版本目录学方面的专家，完全是凭个人爱好，刻苦自学，并在工作实践中不断积累、勤奋钻研的结果。魏老更是半路出家。他自幼醉心书画，并拜名家为师。人到中年才转行旧书业，通过工作中不懈地摸索与总结，最终练就了一双擅于"观风望气"的"火眼金睛"，成为一位古籍版本鉴定的名家。从两位前辈的经历可以看出，实践经验的积累和总结，对于古籍版本鉴定来讲是何等重要啊！

其次，二老都与北大有着不解之缘，都为北大图书馆的古籍整理工作做出过直接或间接的贡献。"七七事变"后，施老被聘为燕京大学图书馆中日文编目组组长。众所周知，北大现校址即燕大原校址；北大图书馆的古籍收藏中，老燕大的旧藏占有相当大的比重和极其重要的地位。太平洋战争爆发后，施老又转任北大图书馆中文编目股股长，为北大图书馆的古籍整理工作做出了非常大的贡献。魏老则在 1985 年秋，应北大图书馆学系郑如斯教授之邀，来"馆系"讲授了一个学期的《版本学》课程。而魏老当年的一名学生，现在已经是拥有中国高校第一大古籍收藏的北大图书馆古籍部副主任了，这就是笔者的直接领导——姚伯岳教授。如今，姚老师正承绪着魏老的衣钵，为北大图书馆的古籍整理工作勤奋工作，默默奉献着。

第三，两部书都是作者的遗著。可以毫不夸张地说，《古籍珍稀版本知见录》和《书林掇英》分别是施老与魏老倾其"古籍一生"的泣血之作，但很遗憾，二老最终都没能看到自己的"心血"流传后世、嘉惠学林。尤其令人遗憾的是施老，《古籍珍稀版本知见录》甚至还没有完稿，他老人家就弃稿西归了，因此，全书的整体架构都尚未形成。《书林掇英》虽已完稿，但魏老未及系统整理、校对即溘然仙逝，因此内容散乱无序，笔误甚多。总之，两部书稿离出版的要求都相去甚远，需要花大力气进行整理。而施老与魏老的子女又无人承绪父业，没有能力完成二老未竟的事业，因此两部书稿都在二老过世十余年后才得以出版。

第四，两部书稿有着相同的出版经历。《古籍珍稀版本知见录》和《书林掇英》书稿在投至国图出版社之前，均遭数家出版社弃用，理由均为书稿"价值不大"。而缘何屡遭退稿、"价值不大"的《古籍珍稀版本知见录》，一经国图出版社出版就连获大奖，并因热销而于初版次年即再版发行？"价值不大"之说显然站不住脚。《古籍珍稀版本知见录》的成功，其实并非因为国图出版社的"独具慧眼"，亦非退稿的出版社"有眼无珠"，更非笔者"神工鬼斧"，"妙手回春"。这"价值不大"实为托词，其中透出出版社的诸多无奈。在计划经济向市场经济转轨的过程中，出版社背负着自负盈亏的沉重的经济压力，经济效益成为出版社的命脉。重压之下，出版社不得不为了降低成本而对自身体制进行重大调整。编辑们都忙着策划、选题、组稿子，已经没有精力去审稿、校稿了。特别是对于本不赚钱的学术著作，出版社都十分慎重。像《古籍珍稀版本知见录》和《书林掇英》这样的学术著作，能不赔就不错了；而且是遗著，要花大量的精力来做整理工作。编辑们肯定没有这个精力，只能找人来做，但愿意干和能干这种辛苦活儿的人实在是不好找。本来就不赚钱，投入还大，而且要承担相当大的风险，何苦呢！这就是两部书稿屡遭弃用，而又都"有幸"到笔者手中的真正原因。

第五，两部书稿的文献类型相同。顾名思义，《古籍珍稀版本知见录》是一部关于古籍珍稀版本的知见录；而《书林掇英》是一部经眼录，所著录诸书及版本亦多珍罕。所收各书，均以提要的形式著录，因此两书均属于提要式的古籍善本书目。

第六，接手两书校订任务时的情形相同。接受这两个任务时，分别处在笔者个人事业和家庭最忙碌的时期。拿到《古籍珍稀版本知见录》书稿时，正是笔者工作最忙的时候，一人身兼《中国古籍总目》《中国少

数民族古籍总目提要》《清史》《中华儒藏》《中国家谱词典》等七项国家
重点文化项目的工作，每天忙得昏天黑地、焦头烂额。最紧张的时候，
已经没有什么上班和工余、黑天和白昼之分了，每天只能睡四五个小时，
熬通宵更是家常便饭。而接手《书林掇英》时，正赶上妻子怀孕、女儿
降生。四十得女，使笔者真正意识到自己已经正式跨入了"上有老，下
有小"，肩挑事业、家庭双重重担的中年时期。

魏老生于 1916 年，河北束鹿人。自幼喜爱书画，在家乡小有名气。
1935 年考入私立北平美术学院中国画系，师从一代写意画宗师李苦禅先
生，为苦禅大师的入室弟子。毕业后一直在北京和山东的中、小学任教职。
新中国成立后，魏老调入图书发行系统工作，先后供职于中国图书发行公
司、新华书店、中国书店。1956 年，被分派到中国书店划价组，从事古旧
书刊的定价工作，同时编辑《古旧书刊介绍》，由此将自己的后半生全部
奉献给了古籍事业。人到中年，逢此事业上的重大转折，其难度可想而知。
半路出家的魏老，凭借集腋成裘的不断积累和锲而不舍的刻苦钻研，由一
个"门外汉"成为古籍界德高望重的版本鉴定专家。"文革"后，魏老调
入北京市文物局，在"文革"文物落实组从事古籍文物鉴定整理工作，曾
参与清理康生藏书。1978 年，国家成立《中国古籍善本书目》编辑委员
会，开始编纂《中国古籍善本书目》，魏老被聘为编辑委员和集部副主编，
并为在山西、北京等地举办的古籍善本编目骨干培训班讲授古籍雕版发展
史、古籍版本鉴定等课程。之后，又到北京、东北三省各公共图书馆、大
专院校图书馆、机关单位图书馆检查并协助鉴定古籍版本。1993 年 6 月 2
日，魏老因心脏病突然发作在北京病逝，享年七十七岁。

综观魏老一生，可以分为两个阶段：前半生寄情丹青，我称其为"丹
青人生"；后半生耽心古籍，我称其为"古籍人生"。《书林掇英》收录了

魏老自从事古籍工作以来经眼的珍稀善本。在编排体例上，基本上采用了中国古籍传统的四部分类法，但略作调整。由于集部文献数量庞大，为保证全书各章整体上的均衡，不至出现"鼠首虎尾"的现象，故将戏曲、小说两类析出，各自成编，因此全书分为经、史、子、集、戏曲、小说六章。经、史、子三章之下又分二级类目。《书林掇英》在款目的著录上非常详细，举凡书名、卷数、著者、版本、行格、版式、序跋、内封、牌记、题记、藏印、内容、源流、刻工、来源、收藏者、购藏者、纸张、册数、定价等等无一不著录，很多书还配有书影，为古籍整理者、研究者和收藏者提供了丰富而极具学术价值的参考资料。后附按语，内容为著者小传。魏老十分重视客观反映书之原貌，很多著录项目都是客观照录原书，为读者提供了更原始、更准确、更完整、更丰富的信息。例如著者项，很多都是照录卷端原题，著者的朝代、职官、爵里、姓名、字号、著作方式等均一一列出。著名藏书家黄裳先生当年曾看过《书林掇英》书稿，并给予高度评价。言其著录之详细，在版本著录上所下的功夫，"在在都有突过前人之处"。"所著诸书，都为作者目见，绝无转相援引、不尽不实之病"。该书大致反映了新中国成立前后至20世纪80年代末、90年代初的近半个世纪内，以北京为中心的北方古籍聚散流转情况。"上可与傅增湘的《藏园群书经眼录》相衔接，旁参王重民的《中国善本书提要》，百年来我国善本书的流转聚散，大致可以得到一个比较完整的印象了"。

《书林掇英》是一部资料性、实用性很强的学术专著。它的著录全面、细致，但侧重点还是在版本上。魏老与古籍结缘卌载，阅书无数，在古籍版本鉴定方面积累了丰富的实践经验。《书林掇英》讲古籍版本的鉴定，但与其他此类文献不同，魏老不仅告诉你鉴定的结果，还详细地讲述了鉴定的过程，将其毕生的宝贵经验毫无保留地传授给了读者，这是《书林掇英》的最大特色，也是其价值的真正所在。源于实践的真知，用自然流畅、浅显易懂的语言串联在一起，让读者在轻松自然中学到知识，并且留下深刻印象。书中还穿插讲述了许多与书有关的书林掌故、逸事，读来饶有趣味。由于与许多掌故有关的书就是北大所藏，近在身边眼前，因此读来有一种亲切感，好像事情就发生在昨天，又好像自己亲历一般。今年春节前夕，魏老家属托人转交给我一个硕大的牛皮纸口袋，打开一看，里面装的竟是满满一口袋古籍珍本的书影照片。熟悉的"135""120"规格，熟悉的黑白影像……虽然摄影技术不高，很多照片都拍得模糊不全，但在那个没有数码的时代，以如此可以称为奢侈的方式来收集资料是多么的艰难啊！是要付出多么大的代价啊！据姚伯岳老师回忆，魏老平时的生活简单随意，从来就不舍得花钱享享口福，或是置办几件体面的衣服。但如果是为了学术研究，他却从不吝惜金钱。这些书影经过筛选，大概有近百幅加配到了书中，出版之后，读者们看到的将是一本图文并茂、生动鲜活的古籍版本教材。读者不仅能从书中学到许多理性的知识，还能结合图片增强感性的认识，在一定程度上达到理论与实践相结合的学习效果。读罢全书，你不得不由衷地感叹：魏老真是阅书无数，见多识广！而能将自己毕生所见珍稀版本一一详细记录下来，并从中总结经验，找出规律性的东西来，也足见魏老之有心，治学之勤奋，实令我等后辈感佩！

我对《书林掇英》的整理和校订工作是从 2008 年的"五一"开始的。除了文字上的校对，就是将全书所有的年号纪年、干支纪年、太岁纪年都标注了公元纪年。书中提及的古代人物，很多都是以字号的形式出现的，为方便读者，一般都在字号后面标注了原名。就这样利用零敲碎打的时间，费时将近一年，终于将二校完成。眼见是胜利在望了！大概是此书精彩的内容将我的注意力全部吸引到文字上了，恨不能一口气读完；

再加上担心魏老家属等得着急，计划出版的日期也一天天临近，急于将书稿早日校完，因此在等待三校稿的时候，猛然发现了一个重大的疏漏，惊出了我一身冷汗。此书为魏老遗著，虽已完稿，但整体结构上只是框架初定。经、史、子三章虽设有二级类目，但实际上是各书并未各归其类，混杂一处。全部六章都存在许多一级部类（即本书中的"章"）之间归类混乱的问题，其中尤以经、史、子三章为甚。经部的分类错误较少，主要问题是二级类目的排列顺序混乱，没有按照经部文献的学术源流来排序，需要整类移动，调整顺序。史、子二章是最乱的，不仅是在分类上，史部仅设了几个二级类目，子部几乎没有二级类目。这就需要将全书所著录的数千种文献重新厘定，各安其类。麻烦的是，二校之后，书已排版，在打印稿上标注大量的记录移动十分困难。即便能标注清楚，录入人员也很难保证不出现新的、更大的混乱。如果进行调整，那工作量可是非常浩大。经与廖生训商量，决定保持原稿风貌，不做改动，最后用编制书名索引的方式来弥补读者检索上的问题，并在出版说明中加以说明。可是此后心里总像作了贼一样的不自在、不踏实。诚然，这样做不管是我还是出版社都可以省很多事，书也可以很快出版。可对作者来说，这无异于对魏老学术水平的贬低，等于给魏老抹黑。而对我而言，是没有尽到一个整理校订者的责任，这样既对不起魏老及其家属，也对不起给予我信任、将书稿托付予我的廖生训，更对不起我自己。于是又与他商量，下决心"大动"。《书林掇英》书中所著录各书，均系魏老经眼亲见的珍稀善本。在下见识浅陋，又因时间所限，不可能为一种书而查阅大量的古籍书目。为了加快进度，我使用了方便快捷的《中国古籍善本书目》电子版，也就是"中国古籍善本书目联合导航系统 2.01 版"。"李按"中所说的《中国古籍善本书目》即指此。尽管这个电子版错误很多，但可尽快使数千种文献各归其属，各安其位。此外，在图书分类上，我还参考了《中国丛书综录》和《四库全书总目》。在对此书的整理过程中，基本上保留了原书稿的整体框架，分为经、史、子、集、戏曲、小说六章，只是在经、史、子三章二级类目的设置上做了一些调整，主要是参考了《中国丛书综录》的分类体系，并略有改动。由于集部的二级类目本来就不多，戏曲和小说又单独析出，各自成章，因此集、戏曲、小说三章也依原稿，不再设二级类目。经、史、子三章的类目设置只到二级，往下不再细分。另外，原稿中对丛书的处理十分混乱。绝大多数丛书混在"类书类"中，还有把专类丛书归入经、史、子、集相应各类的。这两种处理方法都不妥。丛书是一种特殊类型的文献，在古籍的分类体系中，一直没有一个固定的归属。当年编《中国古籍善本书目》时，为了解决这一问题，在经、史、子、集四部之外，另设一丛书部。因此，在解决《书林掇英》中丛书的问题时，援《中国古籍善本书目》之例，将所有丛书单独析出。由于篇幅所限，丛书部分难于独立成章；又兼丛书内容涉及各类，四部之内均难归入，因此将丛书单作一类而附于六章之后。

《书林掇英》给了我很大的教益。它不仅使我学到了很多非常实用的专业知识，而且增广了见识，丰富了经验。特别是通过对此书的校订，使我对校对工作有了许多新的感悟。

校对工作是一项成人之美又默默无闻的"幕后工作"。校对人员不仅需要具备既广博又精深的专业知识和技能，还要有耐心细致的性格，以及甘作"无名英雄"的心态。那什么是最好的校对呢？好比一名足球裁判，作为足球场上的"执法者"，他（她）不仅要保证比赛在规则允许的范围内正常进行，同时又不能影响比赛的流畅性，也就是说虽然他（她）身在场上，但观众却感觉不到他（她）的存在。这是一名足球裁判的至高境界。我想，校对工作与足球裁判隔行如隔山，但也有相同之处。一名优秀的校对者就像一名优秀的足球裁判一样，既要保证出版物的质量，又要"雁过无痕"，不能喧宾夺主。可惜这是《书林掇英》校完后的感悟，而我对此书的整理校订工作并未达到此等境界，这也是我略感遗憾的！

总之，由于笔者学识谫陋，以及客观条件的限制，对《书林掇英》的整理和校订工作肯定会有许多错误和不尽人意之处，敬请方家匡正和魏老家属原宥。如果此书有再版的机会，相信自己会把它做得更好。另外，在我的整理校订工作中，中国科学院图书馆古籍部的罗琳主任、北京师范大学图书馆古籍部的杨健主任、首都图书馆古籍部的杨之峰先生、西南大学图书馆古籍部的李弘毅先生、天一阁文物保管所的袁慧女士、重庆市图书馆古籍部的袁佳红女士以及我的直接领导姚伯岳先生，都给予了我直接或间接的热情帮助，对此，雄飞深表谢意！还有一些帮助过我的人，可惜我连姓名都不知道，他们也为此书的出版贡献了力量，在此一并表示我最诚挚的谢意！我还要特别感谢的是魏老的家属和此书的责任编辑廖生训先生。因为作父亲的责任，我不可能挤出更多的时间来做《书林掇英》的整理校订工作；且因此书为魏老遗稿，校订过程中随时会出现各种问题，因无法直接与作者核实而要花费大量的时间去查考，计划不断被打乱，时间也一再拖延。对此，魏老家属和生训给予我充分的理解和极大的信任，屡次宽限时日，使我能在一个宽松的状态下，认真做好校订工作。还有我年逾古稀的父母，为了给我腾出更多的时间，在酷暑当中主动承担了照看孙女的繁重工作；爱妻也承担了更多的家务。父母从小就教育我：做事情要么不做，要做就要做好。我想，唯有把《书林掇英》做好，才能对得起魏老的在天之灵，才能对得起魏老的家属，才能对得起所有给予我支持、理解、信任与帮助的人们！

2009 年 12 月 24 日——爱女思齐两周岁生日之时写于回龙观家中

（发表于《天一阁文丛》第八辑，浙江古籍出版社 2010 年版）

后记：

《书林掇英》是古籍版本鉴定专家魏隐儒先生的名著。说这本书是名著，是因为书稿尚未成编就已名满学界了。能够有幸成为该书的整理校订者，是因为之前我成功地把一部将要被埋没的书救活了。这可以算是我与《书林掇英》的前缘吧。书出版之后，我才知道我与这部书居然有这么多的缘分。

首先是师承。我是北大图书馆系本科毕业，教我"中国书史"的郑如斯老师，是著名古文献大家王重民先生的弟子。现天津师大古籍保护研究院的常务副院长姚伯岳老师，是郑如斯老师的研究生。姚老师读研期间，魏隐儒先生应郑老师邀请，到北大图书馆系帮助带研究生，教授"古籍版本鉴定"课程。所以，姚老师也是魏老的弟子。说起姚老师，那跟我就是双层关系了，既是我的老师（教我们"版本学"课程），后来又成了我的领导。我第一次听说《书林掇英》这部书，就是姚老师告诉我的。该书出版时，姚老师还赐序一篇。

书出版后，我送给我的满文老师、中国第一历史档案馆的满语文大家安双成先生。安老师捧着书笑了，告诉我他和魏老曾一起共事。原来，安老师从中央民族学院（今中央民族大学）毕业后，被分配到老北图（即今国家图书馆，那时在文津街），从事古籍整理工作，与魏老很熟。

一日，华艺出版社的编辑殷芳弟给我打电话，代瀛生先生向我要书。瀛生先生名文蓬，字瀛生，爱新觉罗氏，文史学者。其长兄文葵，是末代顺承郡王（清初八大铁帽子王之一）。我与瀛生先生并不认识，他也不是古籍版本这个圈子里的人，为何向一个素不相识的人要一本与自己研究方向毫不相干的书呢？而且此书价格很贵，说实在的心里有些不太情愿。后来殷芳告诉我，瀛生先生与魏老都是北京市文史馆的馆员，是老朋友了。所以，瀛生先生一直关注着老友这部书稿的出版信息。而且瀛生先生还"爆料"：当年安老师在老北图工作时追求师母，经常给师母写信。安老师是锡伯族，从新疆察布查尔锡伯族自治县走出来到北京上大学时，一句汉语都不会说。虽然经过五年的大学学习，但汉语的文字表达能力还有欠缺，于是就经常找魏老帮忙润色给师母的信。

因为这部书，我还结识了一位小学友——苏扬剑。扬剑本科毕业于北京大学中文系，后来考取了南京大学徐雁平兄的硕士。我和扬剑本不认识，一次雁平兄来北大图书馆查阅古籍，提到《书林掇英》，说给自己的学生布置了一个作业，就是写一篇《书林掇英》的书评，让我多加指导。这个学生就是扬剑，我们就这样认识了。书评写完了，并在《书评》杂志上发表了，我和扬剑也成了学友，一直保持着联系。再后来，扬剑又回到母校，考取了刘玉才老师的博士。去年，她已经毕业了，现在南方某高校任教。而《书林掇英》也早已售罄，希望能够再版。

易顺鼎四盟友生卒年考

　　笔者在整理本馆未编古籍时，发现置于同一函套中的"兰谱"四件，谱主分别为江瀚、杨锐、余诚格、冒广生。经初步判断确认，此为四位谱主与清末民初政坛风云人物、著名诗人易顺鼎义结金兰时的凭证。为证实此"兰谱"的真实性，笔者选取四位谱主中最熟悉的人物——"戊戌六君子"之一的杨锐，核对其个人相关信息。结果发现：杨锐"兰谱"中所记生辰，竟与民国以来文献中的记载全然不同，且相差两年之多。于是笔者又核对了其他三位谱主的生卒年，都有不同程度的问题，这便有了此文。通过对这四位谱主生卒年的考证，纠正了自民国始百多年来，现代文献中记载的错误。特别是对著名的"戊戌六君子"之一杨锐生年的考辨，相信无论对杨锐个人，对"戊戌变法"这一重要的历史事件，以及对中国近代史的研究都有所裨益。同时，也印证了作为旧时义结金兰的信物——"兰谱"这种文献类型的可靠性。有趣的是，笔者通过查考发现，这四位谱主都与北京大学有着或深或浅的渊源关系；冒广生先生在民国初年曾任镇江关监督兼镇江交涉员，与镇江有过一段短暂而美好的交集；我们历史文献研究会副会长诸伟奇先生，曾问学于冒广生先生三子冒景璠先生；本文的重要参考文献——冒景璠先生所撰《冒鹤亭先生传略》，当年付梓之前，就是由伟奇先生誊清的。诸多缘分，都集于镇江年会此文。

"兰谱"是"金兰谱"的简称，是旧时结拜盟兄弟时互相交换的谱帖。古人称结拜盟兄弟为"义结金兰"，其典出自《周易·系辞上》："二人同心，其利断金；同心之言，其臭（xiù）如兰。"古人以断金截铁的利器，来形容兄弟同心，其力无坚不摧；以兰味之香，来形容情投意合。所谓"金兰之交"，即喻以牢固而融洽的友情。"兰谱"一般由谱主亲笔题写，使用颜色热烈、庄重的红纸，装帧成经折装，大小规格基本一致，差不多是奏折的三分之二大。谱首或题"兰谱"二字，或题"金石同坚""金石齐寿"之类的结盟誓言。谱中首题谱主姓名、字号、行第、生辰、籍贯、功名、历官等个人履历。之后列出上至谱主曾祖，下至谱主子孙的五至六代世系，其中包括谱主同辈的兄弟姊妹和妻妾，以及姊妹适嫁、妻妾所出等。最后是谱主本人落款，题曰"如小（胞）弟（兄）某某顿首拜（订）"；以及结盟对方的尊称名号，题曰"某某兄（弟、大人）惠存"。末署订盟的时间、地点。

按照订盟的时间先后，四位谱主分别为江瀚、杨锐、余诚格、冒广生。四谱中，余诚格兰谱末题"实甫仁仲大人惠存"；冒广生兰谱末题"实甫五兄大人□□□（残）"。"实甫"为清末著名诗人易顺鼎表字。由此推测，这四件兰谱的藏主应该就是易顺鼎；也就是说，这四件兰谱，即江瀚、杨锐、余诚格、冒广生四人与易顺鼎结拜为盟兄弟的凭证原件。

易顺鼎（1858—1920）是清末民初政坛风云一时的人物、著名诗人。字实甫，一字仲硕，自署忏绮斋，又自号眉伽，晚署哭庵，湖南龙阳（今汉寿）城关镇人。生于官宦家庭，其父为清末著名诗人易佩绅。易顺鼎天生奇慧，三岁读《三字经》，五岁能作对，十五岁补诸生，有"龙阳才子"之誉。尝问业于湘籍著名学者王闿运，尤以诗称于时，与宁乡程颂万、湘乡曾广钧齐名，人称"湖南三诗人"。中光绪元年（1875）乙亥科举人，但六次应会试落第。光绪十八年（1892），入湖广总督张之洞幕。光绪二十年（1894），中日甲午战争爆发，易顺鼎投笔从戎，入钦差大臣刘坤一幕，并屡次上书，积极主战。次年（1895），甲午战败的清政府和日本签订了丧权辱国的《马关条约》，割让了宝岛台湾。易顺鼎闻讯投河自尽，幸被人救起。随后，他渡海赴台，助黑旗军首领刘永福抗日。失败后回大陆，于庐山三峡涧上筑琴志楼，隐居其中。光绪二十五年冬（1899），由大臣荐引被清廷召见，命督办江阴江防。光绪二十八年（1902），简任广西右江道。光绪三十四年（1908），授云南临安开广道，旋调任广东钦廉道。次年（1909）秋，署广肇罗道，后移高雷阳道。辛亥革命后赋闲居京，因生活所迫投靠袁世凯次子袁克文，被委为政事堂参事，后改任国务院印铸局帮办。1915 年 9 月，他与湖南官绅及立宪派人士六十一人，上书参事院，要求恢复帝制，因而受到袁氏父子器重。次年（1916）2 月，任印铸局代局长，后任局长。袁氏帝制事败，易顺鼎失去靠山，漂泊京师，出入秦楼楚馆、舞榭歌台，恣娱声色。1920 年 9 月 2 日，因抑郁病逝于京寓。易顺鼎诗词骈文俱佳，著有《丁戊之间行卷》《宣南集》《岭南集》《甬东集》《四魂集》《摩围阁诗》《摩围阁词》《出都诗录》《吴蓬诗录》《樊山沌水诗录》《巴山诗录》《锦里诗录》《峨眉诗录》《青城诗录》《林屋诗录》《游梁诗剩》《霭园诗事》《琴台梦语》《楚颂亭词》等①，多已刻入《琴志楼丛书》②。

俗话说："物以类聚，人以群分。"江瀚、杨锐、余诚格、冒广生也都是诗文俱佳、才气纵横的一时俊彦。他们以诗文相契，意气相投，最

① 徐友春先生主编的《民国人物大辞典》"易顺鼎"条目中列有易氏生平著述，其中《林屋诗录》误作《林眉诗录》；《游梁诗剩》误作《游梁诗录》；《樊山沌水诗录》误作《庐山沌水诗录》；《巴山诗录》误作《蜀山诗录》；《吴蓬诗录》误作《吴船诗录》。日人桥川时雄编纂的《中国文化界人物总鉴》中，《吴蓬诗录》亦误作《吴船诗录》；《青城诗录》误作《春城诗录》。

② 详见上海图书馆编，《中国丛书综录》第一册，上海古籍出版社 1986 年版，第 574—575 页。《民国人物大辞典》第 486 页。

终结为志同道合的契友。

江瀚字叔海，别号石翁山民，福建长汀人，是清末至民国间著名的经学大师。清末历任重庆川东书院山长、致用书院讲席，长沙校经堂校书，江苏高等学堂、江苏两级师范学堂监督，学部总务司行走、参事官，京师大学堂师范科监督兼教务提调，河南布政使等职。民国后，历任京师图书馆馆长，参政院参政，总统府顾问、礼制馆馆长，故宫博物院理事、代理理事长等职。著有《南游草》《北游草》《中州从政录》《故宫方志目·普通书目》《吴门销夏记》《孔学发微》等①。

查江瀚生卒年，其说不一：陈玉堂先生编著的《中国近现代人物名号大辞典》作 1853—1935 年②；徐友春先生主编的《民国人物大辞典》同此说③，云生于清咸丰三年（1853），1935 年 12 月逝世，终年八十二岁。著名历史学家萧一山先生所著《清代学者生卒及著述表》中作"生清咸丰二年（1852），今（1931）存年八十"④。日本人桥川时雄编纂的《中国文化界人物总鉴》中，生年与上述两辞典同，即 1853 年，但卒年不同，为 1931 年⑤。而江瀚兰谱中所记生辰为"咸丰八年十一月初三日吉时"，即公历 1858 年 12 月 7 日生。江瀚为当时文化界之名流，他的去世，当时的报纸

---

① 陈玉堂先生编著的《中国近现代人物名号大辞典》中，云江瀚清末曾任京师大学堂教授，实为师范科监督兼教务提调。江瀚长子江庸云任总教习。1927 年 8 月，刘哲接任北京大学校长，任江瀚为文科学长。《大辞典》中又云，江瀚民国后曾任四川盐运使。实则民国之后，江瀚一直在京师任职，并无外任。民国二年（1913），江瀚确被任命署理四川盐运使，但江氏托言并未就任。又云江瀚民国后曾任京师大学代理校长。京师大学乃京师大学堂之误，此乃北京大学之前身。民国元年（1912）5 月 15 日，京师大学堂更名为北京大学。此处京师大学或京师大学堂的名称提法有误。查北大历任校长名录，其中并无江瀚之名。

② 浙江古籍出版社 1993 年版，第 220 页。

③ 河北人民出版社 1991 年版，第 226 页。

④ 1931 年铅印本，第 262 页。

⑤ 中华法令编印馆 1940 年版，第 112 页。

一定有报道。果然，在民国二十四年（1935）12 月 18 日星期三的《北平晨报》第六版上，登载了江瀚去世的消息。兹将报道全文抄录如下：

江瀚昨晨逝世——晚景清闲，以诗酒自娱；昨午大殓，定明日接三 ①

经学大师江瀚氏于民国二十年（1931）辞故宫博物院理事长后，即在寓从事著作，以诗文自娱。本月初患心脏病甚剧，经延林葆骆大夫诊治痊愈。旋因多事酬酢，身体又感不适。十一日突转肺炎，情势严重，经延方石珊大夫诊治，迄无效果，至前晚愈趋沉重，卒于昨晨六时，在东四方家胡同四号私邸逝世，享年七十九岁。其长子江庸（前司法总长，现任北平朝阳学院院长）亲侍在侧，料理善后。其次子江尔鄂，现在皖任安徽高等检察处医官。江氏家属，昨已电知，令速返平奔丧。江氏尚有二女，长适张孝栘，次适陈瑾昆。江氏逝世后，其故旧陈三立等均往吊。昨午大殓，定明日（十九日）接三，在私邸停七七 ②，定明年二月十五日开吊，十六日发引 ③。兹将江氏略历志之如次：

江氏生平：

江瀚字叔海，福建长汀县人。光绪中历充四川川东书院、致用书院山长。二十四年（1898）经湖南巡抚陈宝箴、江苏学政瞿鸿禨保送经济特科，二十八年（1902）又经都察院左副都御史张仁黼奏保经济特科，均未应试。三十年（1904）经江苏巡抚端方咨送日本调查学务。三十一

---

① "接三"也叫"迎三""送三"，是丧礼的一种。民间传说，人死三天，他的灵魂就要正式到地府阴曹去了，或说是他的灵魂被神、佛或神、佛的使者金童玉女迎接走了。按佛、道两教的说法，只有善人才能有如此的收因结果。人们都有让自己死去的亲人升天，成为正果或托生于善地的愿望，但一个人一生的行为，不可能尽善尽美，这样，就需要在他死后第三天灵魂正式到阴间去的时候，为他延请僧众，诵经拜忏，替亡人对自己一生的罪孽进行忏悔，让阿弥陀佛迎接亡灵上升到西方极乐世界去。

② 旧俗以人死后每隔七日祭奠一次，到七七四十九日止，共为七七。

③ 谓执绋。参加出殡礼仪，亦指出殡。

年（1905）充江苏高等学堂监督。三十二年（1906）学部奏调到部，充京师大学堂师范科监督。三十四年（1908），补授学部参议，旋经湖广总督陈夔龙荐举人才，奉旨著以道员交军机处存记。宣统二年（1910），充京师女子师范学堂监督，钦选资政院顾学通儒议员，旋即简放河南开归陈许郑道。三年（1911）署河南布政使。民国元年（1912）经教育部延充图书馆长。二年（1913）任命署四川盐运使，不就，派充第二期知事主试委员。四年（1915）任参政院参政。五年（1916）特派为文官高等考试典试官。十七年（1928）国民政府任为故宫博物院理事，兼图书馆长。二十年（1931）代理理事长，二十一年（1932）辞职，仍充故宫博物院专门委员。著《慎所立斋文集》四卷、《孔学发微》三卷、《诗经四家异文考补》一卷、《石翁山房札记》九卷。

据该报称，江瀚于"昨晨六时"在东四方家胡同四号家中逝世，也就是民国二十四年（1935）12 月 17 日，星期二。可见，桥川时雄《中国文化界人物总鉴》中所云 1931 年卒是错误的，而且很可能是误将萧一山先生《清代学者生卒及著述表》中的"今（1931）存年八十"当作了江瀚的卒年。《清代学者生卒及著述表》为 1931 年铅印本，其时江瀚尚在，萧一山先生言江氏时年八十。而《中国近现代人物名号大辞典》和《民国人物大辞典》所记江瀚卒年是正确的。该报又称，江瀚"享年七十九岁"。中国古代传统的年龄计算方法，是婴儿出生时就记为一岁。这是因为胎儿在母体内从受孕到出生有将近一年的时间，以后每过一个春节就增加一岁，这就是我们常说的虚岁。农历年末出生的孩子，一过春节就记为两岁，所以虚岁要比周岁大一至两岁。如果按虚一岁推算，江瀚的生年应为咸丰七年（1857）；按虚两岁算，应为咸丰八年（1858），均与咸丰三年（1853）的说法不合。而按虚两岁的算法，其结果恰与其本人兰谱所记生年相同。兰谱中所记生日也恰在年底，照传统的年龄计算方法，应虚两岁。当时人报道当时事，《北平晨报》的报道应该是准确的。而利用报道中所提供信息推算出来的结果与兰谱中所记生辰相合，也验证了兰谱中信息的可靠性。那么，江瀚准确的生卒日期应该是生于1858年12月7日，卒于1935年12月17日。《清代学者生卒及著述表》云1931年时江瀚"存年八十"，显然是萧一山先生为江瀚"增寿"了。而书中所云江氏"生清咸丰二年（1852）"，不知出处为何，与大多数生于"咸丰三年（1853）"的说法相差一年，笔者估计可能是由于农历、公历年头、年尾换算的误差所致。

江瀚兰谱末署："光绪十三年（1887）四月二十五日订于蓬园。"据北京大学历史系尚小明教授编著的《清代士人游幕表》载[1]，光绪十二年至十三年（1886—1887），江瀚客易佩绅江苏布政使署。易佩绅即易顺鼎之父。查《清代职官年表·布政使年表》[2]，易佩绅光绪十一年（1885）十二月由四川布政使改江苏布政使，光绪十三年十一月十四日（公历1887年12月28日）因病免职。清代江苏设两布政使，一在江宁，辖江宁府、淮安府、扬州府、徐州府、通州、海州六府州；一在苏州，辖苏州府、松江府、常州府、镇江府、太仓州五府州。蓬园乃苏州园林，原为明万历间内阁首辅、大学士申时行的宅子，明末清初申时行裔孙申继揆所筑。显然，易佩绅的江苏布政使署是驻在苏州的，而江瀚也就是在易佩绅幕中与易顺鼎订交的。

杨锐字叔峤，一字钝叔，祖籍江西。其曾祖杨玉先始迁四川绵竹[3]，

---

① 中华书局2005年版，第272—273页。

② 第三册，第1945—1947页。

③ 见本馆所藏杨锐兰谱原件。

遂家焉。锐"性笃谨，不妄言邪视，好词章"①。同治十三年（1874）应童子试，并未引起考官的注意。后到成都应院试，被当时提学四川的张之洞慧眼识珠，收为弟子，入幕襄校文卷并校勘《书目答问》一书。张之洞称杨锐"才英迈而品清洁，不染蜀人习气。颖悟好学，文章雅瞻"，是"蜀士一时之秀"②。光绪元年（1875），张之洞创立尊经书院，调杨锐入院肄业，深得两任督学谭宗浚、朱逌然赏识。后以光绪八年（1882）优贡朝考得知县。是时，张之洞接任两广总督，重招杨锐入幕。此后张之洞又历任湖广、两江总督，杨锐均在张幕中，主奏牍文字，襄赞政务，被张倚为心腹。中法战争中，他力荐老将冯子材，这才有了镇南关大捷和谅山大捷。而随后为世人所称颂的《广军援桂破敌奏稿》，就是出自杨锐之手。光绪十一年（1885），杨锐考中顺天乡试举人。光绪十五年（1889），又考授内阁中书，供职京师。张之洞出任封疆大吏二十余载，并有子在京师，"而京师事不托之子，而托之君（杨锐）。张于京师消息，一切藉君。有所考察，皆托之于君。书电络绎，盖为张第一亲厚之弟子"③。可见张之洞对杨锐的倚重。杨锐性"鲠直，尚名节，最慕汉党锢、明东林之行谊"④。光绪二十一年（1895），《马关条约》签订，举国哗然。杨锐对清廷的腐败痛心疾首，积极寻求变法强国之路，与康有为等有识之士过从甚密。康有为联合十八省进京应试的举子联名上书朝廷，史称"公车上

① 梁启超撰《杨锐传》，见《清代碑传全集·碑传集补》卷十二，上海古籍出版社1987年版，下册第1334页。

② 见民国十七年（1928）新城王树枏刻本《张文襄公全集》卷二百一十四（书札一）第28页B面。

③ 梁启超撰《杨锐传》，见《清代碑传全集·碑传集补》卷十二，上海古籍出版社1987年版，下册第1334页。

④ 梁启超撰《杨锐传》，见《清代碑传全集·碑传集补》卷十二，上海古籍出版社1987年版，下册第1334页。

书"。查《康有为全集》中的《公车上书题名录》①，杨锐的名字赫然在列。康有为等倡设强学会，杨锐积极响应，出力甚多。光绪二十四年（1898）二月，康有为在京创立保国会，杨锐与刘光第皆为会员。杨锐又在四川会馆内设立蜀学会，积极宣传变法维新。作为张之洞的亲信幕僚，张屡欲向朝廷推荐杨锐，但因杨为张的门人，为避嫌而作罢。六月，张告湖南巡抚陈宝箴代为上荐。十四日，光绪皇帝召见，加四品卿衔，充军机章京，命与谭嗣同、刘光第、林旭同参与新政，人称"军机四卿"。光绪帝还下令，凡有奏折，皆经"四卿"阅视；凡有上谕，皆经"四卿"属草。从光绪帝对"四卿"的重用不难看出其变法之决心。七月二十九日，当光绪帝觉察出情况不妙时，又密召杨锐，赐以衣带诏，足见对杨的信任。由于荣禄的出卖，维新派遭到以慈禧太后为首的顽固派的残酷镇压。杨锐于八月初八日被捕，十三日（公历 1898 年 9 月 28 日）与其他五君子同被斩于菜市口。

　　关于杨锐的生卒年，向无异议，查阅文献，均作 1857—1898 年。如萧一山所著《清代学者生卒及著述表》②，吴海林、李延沛所编《中国历史人物辞典》③，姜亮夫纂定的《历代人物年里碑传综表》④，张撝之、沈起炜、刘德重主编的《中国历代人名大辞典》⑤，郑天挺、吴泽、杨志玖主编的《中国历史大辞典》⑥，汤志钧编著的《戊戌变法人物传稿》⑦，刘高著的《北

---

① 见《康有为全集》，上海古籍出版社 1992 年版，第二卷第 105—126 页。
② 第 265 页。
③ 黑龙江人民出版社 1983 年版，第 770 页。
④ 中华书局 1959 年版，第 741 页。
⑤ 上海古籍出版社 1999 年版，第 853 页。
⑥ 上海古籍出版社 2000 年版，第 1343 页。
⑦ 文海出版社有限公司 1976 年版，上编卷二第 49 页。

京戊戌变法史》①，陈玉堂编著的《中国近现代人物名号大辞典》②，尚小明编著的《清代士人游幕表》③等等。"戊戌六君子"的被害是中国近代史上的一个重大事件，文献中有确切记载，因此杨锐的卒日是世人皆知、毫无疑义的。而此次发现的杨锐兰谱中所记生辰为"咸丰五年六月十六日卯时生"，也就是生于公历 1855 年 7 月 29 日，这与民国以来文献中记载的生年差了两年。

文献中记载杨锐生平事迹和生卒年代的很多，而这些记载的资料来源，均出自梁启超所撰《杨锐传》和黄尚毅所撰《杨叔峤先生事略》。梁启超是维新派的领袖之一，"戊戌变法"中的首要人物。同为维新运动的重要参与者，梁氏与杨锐接触甚密，深谙杨氏其人，因此由梁氏为杨锐立传是再合适不过了。黄尚毅是杨锐的同邑门人，一直追随左右，对其师也十分了解。"六君子"被斩后，就是黄尚毅与乔树枏为杨锐收尸棺殓。因此，梁、黄二人对杨锐生平的记述应该是较为可信，并具有权威性的。《杨锐传》和《杨叔峤先生事略》均被收入《碑传集补》之卷十二④。另外，由王佐修、黄尚毅纂的《绵竹县志》⑤卷六中，有"说经堂杨氏"传，对杨锐及其长兄杨聪的生平事迹亦言之甚详。笔者仔细查阅了上述资料，发现梁、黄二人的记述中，并未直接提及杨锐生年。那么这 1857 年的生年又是从何而来的呢？只有黄尚毅的《杨叔峤先生事略》，其中曾提及："先生（杨锐）弱冠后，始应童子试。"古代男子二十岁行冠礼，表示已

---

① 燕山出版社 2001 年版，第 185 页。

② 第 282 页。

③ 第 270—271 页。

④ 梁启超撰《杨锐传》，见《清代碑传全集·碑传集补》卷十二，上海古籍出版社 1987 年，下册第 1334 页。

⑤ 民国九年（1920）绵竹县署刻本。

经成人。因为未及壮年，故称"弱冠"，后泛指男子二十左右的年纪。但黄氏此处记载的"弱冠后"以及"弱冠"本身的含义就模糊不清，均非确指。刘高先生所著《北京戊戌变法史》中，云杨锐同治十三年（1874）应童子试。假若我们就以杨锐二十岁应童子试推算，那么其生年应为1855年（咸丰五年），而不是1857年。这倒是与兰谱中的生年相符。

中国传统文化深受儒家思想的影响，而作为儒家伦理道德核心的"三纲五常"，千百年来一直是指导人们行为规范的至高准则。"义"作为"五常"中的重要内容，历来受到古人的重视。而作为结义信征的"兰谱"，自然是一种非常神圣而严肃的文献类型。更由于它是由谱主亲自题写，因此其资料应该是第一手的，其可靠性应该是肯定的，这在另一文献所提供的资料中得到了有力的佐证。

杨锐光绪十一年（1885）中顺天乡试举人，为此笔者查阅了本馆所藏《光绪十一年乙酉科顺天乡试同年齿录》①，中云："杨锐字叔峤，一字公武，行三。咸丰乙卯年（咸丰五年，1855）六月十六日（公历7月29日）卯时生。四川绵州直隶州绵竹县学廪膳生，民籍。壬午科（光绪八年，1882）优贡，朝考一等，钦用知县。原籍江西南昌县。"此与杨锐兰谱所记生辰完全一致。

科举考试自创立之始，一直是国家选拔人才和读书人实现自身"正心、修身、齐家、治国、平天下"远大理想和政治抱负的主要途径而备受重视。在科举时代，科甲是国家官吏的重要出身之一，特别是明、清两代，凡进士、举人出身及恩贡、拔贡、副贡、岁贡、优贡生、荫生出身者均为"正途"，其余出身者均为"异途"。清代规定，"异途"经保举，亦同"正途"出身，但不得考选科道。非科甲"正途"出身，不得授翰林院、詹事府及吏、

---

① 清光绪间北京皈子庙会文斋、琉璃厂文采堂、龙云斋刻本。

礼二部官员（旗员除外）。可见国家对科举考试的重视。读书人要求得仕途上的飞黄腾达，需要"过五关，斩六将"，经过由低到高各级考试的层层筛选。为保证国家煌煌大典的严肃性、公正性和公平性，应试者的身份，也就是考试资格，需要经过国家相关部门的严格审查，即所谓"别流品，严登进"。其中一项重要内容，就是应试者必须认真、如实地填写个人履历，并上报备案存档。此项工作由地方各级官员负责，各地方政府均要为本地考生建立类似档案的"家状"，以及类似鉴定的"解文"。如经查所填报的个人资料不实，亦即考生考试资格不合格者，地方官员会受到严厉惩罚。这种制度早在唐代就已有之。那时，在科举考试前，各地举子要先向礼部报名，投递履历表，叫做"投状"。于是，一种记录科举时代及第人士身份资料的文献类型也就应运而生了。唐代称"登科记"。宋以后名"登科录"，亦称"题名录"，详载乡、会试考官衔名、名次、姓名、籍贯、年龄，并三场试题目。而汇刻同榜者姓名、字号、行第、生辰、籍贯、世系等的文献则称为"齿录"，也称"同年录"或"同年齿录"。鉴于此类文献的性质，其资料的可信度和真实性基本还是可以肯定的。

　　杨锐是维新运动的积极倡导者和参与者，是维新派重要的核心人物。在整个"戊戌变法"的过程中，他所起的重要作用，甚至超过了最为人所熟知的传奇人物谭嗣同。因此，杨锐生年新说的发现，对于研究这位维新变法的重要人物，以及对"戊戌变法"和中国近代史的研究来讲，都具有特殊的意义。

　　杨锐兰谱末署："光绪壬辰年（光绪十八年，1892）闰六月吉日订于鄂渚。"查《清代职官年表·总督年表》，张之洞于光绪十五年七月十二日（公历 1889 年 8 月 8 日），由两广总督改任湖广总督[①]，杨锐随往。光

---

① 钱实甫编，中华书局 1980 年版，第二册，第 1491 页。

绪二十年十月（公历 1894 年 11 月），又由湖广总督署两江总督①，杨锐亦随往。也就是说，从光绪十五年七月至光绪二十年十月，杨锐一直在张之洞湖广总督幕中。又据《清代士人游幕表》载，易顺鼎于光绪十八年（1892）"夏尝客湖广总督张之洞幕"②。由此可知，杨锐与易顺鼎是在张之洞湖广总督幕中订交的。

余诚格字寿平，一作寿屏，号去非，安徽安庆府望江人。光绪十一年（1885）中乙酉科举人，与杨锐及另一位"戊戌六君子"之一杨深秀同年。光绪十五年（1889）成己丑科进士，由户部浙江司主事改翰林院庶吉士，授翰林院编修，充国史馆协修。光绪十七年（1891）充辛卯科江西乡试副考官，光绪二十一年（1895）充乙未科会试同考官。戊戌政变时，因他是康有为登第时的座师，曾一度遭贬。后掌山东道监察御史，转任广西思恩府知府、南宁府知府、广西按察使、广西布政使、陕西布政使、湖北布政使、陕西巡抚。1911 年 9 月调任湖南巡抚。辛亥革命长沙光复时逃脱，不知所终。著有《金缕曲》，被选入《全清词钞》③。

查现当代的人物传记类工具书，皆云余诚格生年不详。只有江庆柏先生编著的《清代人物生卒年表》中，云余诚格生于咸丰六年（1856），卒年不详。下注出处：《光绪十五年己丑科会试同年齿录》④。查本馆藏清光绪间刻本《光绪十五年己丑科会试同年齿录》，中云："余诚格，字吾，号寿平。行一，又行二。咸丰丙辰年十二月初六日吉时生。安徽安庆府望江县民籍，优廪贡生，员外郎衔，户部候补主事，浙江司行走。"咸丰丙辰年即咸丰六年（1856），余诚格生辰即为公历 1857 年 1 月 1 日。

---

① 钱实甫编，中华书局 1980 年版，第二册，第 1493 页。
② 第 270—271 页。
③ 浙江古籍出版社 1993 年版，第 389 页。
④ 人民文学出版社 2005 年版，第 337 页。

而余诚格兰谱中所记生辰，与《光绪十五年己丑科会试同年齿录》中的记载只差一天，即咸丰丙辰年（咸丰六年，1856）十二月初七日，公历1857年1月2日。再查本馆藏光绪间刻本《光绪十一年乙酉科顺天乡试同年齿录》，中云："余诚格，字吾，号寿平。行一，又行二。咸丰丙辰年十二月初七日吉时生。安徽安庆府望江县民籍，优廪贡生，员外郎衔，户部浙江司学习主事。"《光绪十一年齿录》所记生辰，与余诚格兰谱是一致的。为什么三处记载会有一天的误差呢？有署名"康梅居士"所撰博文《末代湖南巡抚余诚格生平史事》，中云："（余诚格）生于清咸丰六年十二月初七日（1857年1月2日）子时。"子时恰为日日更替时刻所平分，可能余诚格也不能确定自己出生的具体时刻是在夜子时，还是在早子时，因此才有"初六""初七"的"摇摆不定"。但博文此处并未注明出处。三处记载余诚格生日为咸丰六年十二月初七日（1857年1月2日），且兰谱为余诚格本人亲笔题写，那么这个说法应该是准确的。另见光绪十五年（1889）己丑科会试余诚格朝考卷，首叶云："臣余诚格年三十二岁，安徽安庆府望江县人。"余诚格的生日是农历十二月初七，按照农历年末出生虚两岁的传统计岁习惯推算，生年为1859年，与其兰谱、《光绪十一年齿录》和《光绪十五年齿录》中的记载均不符。

关于余诚格的卒年，现当代的人物传记类工具书中所记余氏生平，皆止于辛亥革命长沙光复，说余氏在长沙光复时逃脱，不知所终。查1995年黄山书社出版的《望江县志》，在第二十九篇人物篇的第一章人物传记中有《余诚格传》，对其辛亥革命以后的情况言之甚详：长沙光复时，余诚格假意投降，趁乱从后院逃走，乘轮船避往上海。到上海寓居不久，便组织安徽旅沪同乡会，并担任会长，掌管了同乡会的财产。民国十年（1921），"暗杀大王"王亚樵（安徽合肥人）到上海，为纪念亡友韩恢，创办了复炎小学（韩恢字复炎），培养人材，并作为宣传革命的活动据点，要求同乡会资助。余诚格大骂王亚樵是敲诈勒索。王大怒，带人前往闸北中兴路余诚格住所，强行接管了"同乡会"。余诚格被迫交出"同乡会"财产后回到安庆，1926 年在天台里终老。余诚格在官运亨通时，曾在上海、苏州、无锡、芜湖、安庆等地营造房屋，购买土地，仅在芜湖万顷圩（今万春圩），就以垦采公司名义招股垦荒，围垦五千余亩。他虽然家藏万贯，对家乡却少有建树。当他的棺椁从安庆运回故里时，县城内史丹生、龙伯陶等绅士，反对其灵柩取道县城，结果只好从城外绕道运回桃花岭安葬。该传所注余诚格生年为 1856 年[①]，应该是忽略了农历与公历年尾、年头的转换。上文提到的博文又云："1927 年，（余诚格）于安庆天台里去世，归葬太慈镇境内龙山坡上。"此处亦未注明出处，不知所据。

余诚格兰谱所记与易顺鼎订交时间是光绪癸卯（光绪二十九年，1903）三月，地点在京师。

冒广生是元世祖忽必烈第九子、镇南王脱欢（驻扬州）后裔，著名的"明季四公子"之一冒襄（字辟疆）裔孙。小名阿灵，字鹤亭（一作鹤汀），号疚斋、疚翁、小三吾亭长，晚号水绘庵老人，江苏如皋人。冒广生"早慧有声"[②]，四岁[③]即遵祖父[④]之命入塾开蒙，是塾中年最幼者。七岁即能作诗属对，被七伯外祖周星誉[⑤]称为"神童"。光绪十六年（1890）

---

① 望江县地方志编纂委员会编。第 658 页。

② 陈衍撰《石遗室诗话》卷四。

③ 光绪二年（1876），时周岁三岁。

④ 名保泰，原名浚，字文川，号小兰。

⑤ 周星誉（1826—1884），清代著名文人、画家。字叔云，又字昀叔，河南祥符人，祖籍浙江山阴（即今绍兴）。冒广生外祖父周星诒之七兄，道光三十年（1850）进士，官至两广盐运使。陈玉堂编著的《中国近现代人物名号大辞典》第 604 页，将周氏兄弟误作浙江山阴人，祖籍河南祥符，正好颠倒了。

三月应县试，名列第一；秋应州试，再列第一，补博士弟子员；次年（光绪十七年，1891）四月院试，又拔魁首，举茂才。未及弱冠即得中"小三元"①，冒广生声名鹊起。光绪二十年（1894），中甲午科江南乡试举人，列第一百三十六名②。其试帖诗获阅卷官王庆埏赞赏，并推荐给主考官冯文蔚。冯主考给予"诗冠通场"的高度评价。冒广生不仅因文字而成就了功名，还成就了自己的姻缘。副主考官黄绍第爱其才，发榜后，托王庆埏做媒，以女妻之。这段"文字姻缘"一时被传为美谈③。光绪二十一年（1895），冒广生北上京师，参加会试。其间，康有为发动"公车上书"，列名者凡千余人，冒广生亦列名其中。清末光、宣两朝历任刑部、农工商部郎中。民国后，历任财政部顾问、瓯海关监督兼温州交涉员、镇江关监督兼镇江交涉员、中山大学教授等职。新中国成立后任上海文管会顾问、上海文史馆馆员。1959年病逝于上海。冒广生是近现代著名学者、诗人，著有《京氏易三种》《大戴礼义证》《管子校注长编》《蒙古源流年表》《吐蕃世系表》《四声钩沉》等。编有《冒氏丛书》《楚州丛书》《永嘉诗人祠堂丛刻》《永嘉高僧碑传集》等④。

关于冒广生的生卒年，文献中大多作生于1873年，即同治十二年，1959年卒。据冒广生兰谱载，冒广生生于"同治癸酉"（同治十二年）。因"同治癸酉"四字下残缺，故不知具体日期与时辰。据《民国人物大辞典》中云，冒广生1959年8月10日病逝于上海⑤。笔者查阅了1959年8月10日以后上海的各大报纸，均未见登载有关冒广生病逝的消息。只

---

① 清代考秀才要经过县、府、院三级考试，三试皆魁者称"小三元"。
② 浙江古籍出版社1993年版，第666页。
③ 冒怀苏编著《冒鹤亭先生年谱》，学林出版社1998年版，第56—57页。
④ 浙江古籍出版社1993年版，第666页。
⑤ 第596页。

有 8 月 16 日的《新民晚报》第 6 版，登载了署名"蜕园"①的纪念文章——《悼念冒广生先生》②。该文只是提及冒鹤亭先生（广生）"最近以八十七岁高年逝世于本市"，并未提及冒广生的生卒日。冒景璠先生③所撰《冒鹤亭先生传略》中云："我父冒鹤亭生于同治十二年（一八七三）阴历三月十五日，恰好与冒辟疆同一天生日。"④又云："一九五九年八月，父亲以八十七高龄在上海逝世。"⑤冒怀苏先生⑥编著的《冒鹤亭先生年谱》中又云：一八七三年（清同治十二年，癸酉）"农历三月十五日，先生生于广州都府街游氏秀文堂"⑦。即冒广生生于公历 1873 年 4 月 11 日。可惜，冒广生兰谱记载生辰处残缺，无法验证其与年谱所载是否一致。巧合的是，冒广生的生日恰好与先祖冒襄同日⑧。《年谱》又云：一九五九年（己亥）"八月十日晨，王福厂⑨来寓所视先生疾，先生犹能与王晤谈，不意才隔时许，先生终至弃世长逝"⑩。同月，学术界同人三百余人在上海胶州路万国殡仪馆举行追悼大会，由江翊云⑪主祭，姚虞琴、王福厂、吴湖帆等

---

① 即瞿兑之。原名宣颖，字兑之，号铢庵、蜕厂、蜕园，湖南善化人。清末工部尚书、军机大臣、外务部尚书瞿鸿機幼子，现代史学家、文学家、画家。

② 该文后转载于香港商务印书馆出版的《艺林丛录》第三辑，并改篇名为《记如皋冒鹤亭先生》。

③ 冒广生先生第三子。关于景璠先生的名、字、号，文献中多作"名景璠，字效鲁，一作孝鲁"。据孝鲁先生弟子、中国历史文献研究会副会长诸伟奇先生讲：孝鲁先生原名景璠，又名孝鲁，字叔子。这是叔子先生夫人贺翘华女士亲笔写的，也是先生讣告里的话。

④《冒鹤亭先生年谱》，第 2 页。

⑤《冒鹤亭先生年谱》，第 15 页。

⑥ 冒广生先生第三孙。

⑦ 第 33 页。

⑧《冒鹤亭先生年谱》，第 15 页。

⑨ 王褆，近现代著名书法家、篆刻家。"厂"，同"庵"。

⑩ 第 603 页。

⑪ 即江瀚之长子江庸。

人陪祭。得知先生逝世的消息后，曾任新中国成立后上海市第一任市长的国务院副总理陈毅元帅，特地从北京打长途电话给上海市政府，嘱市委统战部帮助料理先生后事，并派人敬送花圈。关于追悼会的情况，当时的上海报纸也未见报道。这一点，在《冒鹤亭先生年谱》中得到印证，包括冒广生病逝，当时的上海各大报纸均未报道。冒广生兰谱为谱主本人亲笔题写；《冒鹤亭先生传略》为谱主第三子冒景璠先生所撰；《冒鹤亭先生年谱》为谱主第三孙冒怀苏先生编著，以上三文献中所载冒广生生卒年信息，应该是最为真实可靠的。

但冒广生生年也有异说。光绪二十年（1894）秋，冒广生应江南乡试，以第一百三十六名考中举人。检光绪刻本《光绪二十年甲午科江南乡试同年齿录》，冒广生的履历是这样记载的："冒广生，号鹤亭，一号同生。行一。光绪乙亥年三月十五日吉时生，系江苏通州如皋县优行附生，民籍。"光绪乙亥年为光绪元年，也就是 1875 年。这比《冒广生先生兰谱》《冒鹤亭先生传略》和《冒鹤亭先生年谱》三文献中记载的生年整整晚了两年。又检《如皋县志》①，卷二十一"人物卷"的"知名人士"中有《冒广生传》，其生卒年作 1872—1959②，生年比冒广生《兰谱》《传略》《年谱》中的记载又早了一年。上文说过，中国古代传统的年龄计算方法是用虚岁，也就是婴儿出生时就记为一岁。农历年末出生的孩子，一过春节就记为两岁。《如皋县志》所误，肯定是用卒年直接减了虚岁。而《光绪二十年甲午科江南乡试同年齿录》中的生年，比冒广生兰谱、传略、年谱中的记载晚了两年，这倒令人费解了。

冒广生兰谱末署："光绪二十九年（1903）四月上澣盟于□□（残）。"

---

① 江苏省如皋市地方志编纂委员会编纂，香港新亚洲出版社有限公司 1995 年版。

② 第 786 页。

据《冒鹤亭先生年谱》云：光绪二十八年（1902）正月，"先生（冒广生）挈黄夫人及长子景玮入都，寓顺治门①大街南通会馆，后移寓后孙公园如泰会馆。先生仍任刑部郎中"②。"是秋，先生在易实甫（易顺鼎）处，晤樊樊山（名增祥），相谈甚欢。时易将之官右江，樊樊山作诗送之，先生即作《用樊山韵赠实甫即送其之官右江》。""是年（光绪二十九年，1903），先生留任商部郎中。春，先生赴真定（今河北正定县），游天宁寺木塔、隆兴寺，观看龙藏寺碑。作《真定道中五叠樊山韵寄易五实甫》。"③易顺鼎虽于上年（光绪二十八年，1902）秋天即"将之官右江"，但不知为何迟迟未能动身，起码是年（光绪二十九年，1903）三月还在京师，有余诚格兰谱署年为证。从上述记载可以推断，冒广生与易顺鼎订交应在京师。

《冒鹤亭先生年谱》后附有《交游人名索引》，从中可知，除余诚格外，冒广生与四兰谱的另两位谱主江瀚、杨锐均有交往。《索引》中虽无江瀚之名，但冒广生与江瀚长子江庸为挚友，其追悼会即由江庸任主祭。

有趣的是，江瀚、杨锐、余诚格、冒广生四位谱主，不仅是义结金兰的盟兄弟，且均与北京大学有着或深或浅的渊源关系。江瀚曾任北大前身——京师大学堂师范科监督兼教务提调，民国后又曾任北大的文科学长，既任教职，又参与过学校的管理工作。而京师大学堂的设立，本身就是"百日维新"在教育改革方面的一大成果。据黄尚毅所撰《杨叔

---

① 北京内城南垣西门，与崇文门东西相望。元代兴建大都城时，在此门位置的北面建有顺承门，取自《周易》"至哉坤元，万物滋生，乃顺承天"之句。明永乐十七年（1419），拓南垣至今前三门一线，城门随移，名称依旧。正统四年（1439），加筑瓮城，改名宣武门。但在老百姓口中，仍称"顺承门"，甚至讹称为"顺治门"。

② 第126页。

③ 第132—133页。

峤先生事略》载："（光绪二十四年六月）十四日召对，极言兴学、练兵为救亡之策。上感其诚，诏立京师学堂。"可见，杨锐于京师大学堂的创立是功不可没的。京师大学堂的第一任管学大臣是孙家鼐，字燮臣，安徽寿州人。曾为光绪帝的老师，接近帝党。经孙家鼐推荐，清廷任命许景澄为中学总教习，丁韪良为西学总教习。孙家鼐原推荐刑部主事张元济为大学堂总办。因张竭力推辞，改黄绍箕任总办。黄不久也调职，余诚格继任总办。冒广生虽与京师大学堂无直接关系，但余诚格的前任总办黄绍箕，是冒广生岳父黄绍第的表兄①。

《易顺鼎兰谱四种》（题名笔者自拟）的发现，为我们考证江瀚、杨锐、余诚格、冒广生四位谱主的生卒年提供了有力的证据。通过对这四位谱主生卒年的考证，纠正了自民国始百多年来，现代文献中记载的错误。特别是对著名的"戊戌六君子"之一杨锐生年的考辨，相信无论对杨锐个人，对"戊戌变法"这一重要的历史事件，以及对中国近代史的研究都有所裨益。同时，也印证了作为旧时义结金兰的信物——"兰谱"这种文献类型的可靠性。由此也引出了许多有价值的线索，比如四位谱主的盟兄弟、清末民初政坛的风云人物易顺鼎，他与维新派的关系，在维新变法过程中的主要活动，以及他的思想、学术等等，都是有待深入挖掘的课题。有趣的是，笔者通过查考发现，这四位谱主都与北京大学有着或深或浅的渊源关系；冒广生先生在民国初年曾任镇江关监督兼镇江交涉员，与镇江有过一段短暂而美好的交集；对镇江地方文献的整理与研究，冒广生也做出了重要贡献：著名的《至顺镇江志》重刊，序文

---

① 黄家在清代是浙江瑞安的名门望族，黄体芳、黄体立、黄体正（副榜）三兄弟，以及黄体芳子黄绍箕、黄体立子黄绍第，父子两代共五人同中进士，被誉为"瑞安五黄"。当代著名剧作家、电影、戏剧艺术家、散文家黄宗江即黄绍第长孙。黄宗江的妹妹黄宗英、弟弟黄宗洛、黄宗汉，均为著名电影表演艺术家。

就是冒广生写的；我们历史文献研究会副会长诸伟奇先生，曾问学于冒广生先生三子冒景璠先生；本文的重要参考文献——冒景璠先生所撰《冒鹤亭先生传略》，当年付梓之前，就是由伟奇先生誉清的……诸多缘分，都集于镇江年会此文。

（发表于《国学研究》第二十三卷，北京大学出版社 2009 年版）

附记：

《国学研究》，一直被很多从事人文社科研究的学者视为学术的制高点，起码对北大人来说是如此。我也不例外，把能在《国学研究》上发表文章，当作是自己的一个学术追求和莫大的荣誉。2000 年，曾凭《缥缃盈栋，精本充牣——仁和朱氏结一庐藏书研究》一试，但没有成功。九年之后，再以《易顺鼎四盟友生卒年考》试投，终获成功。因此，我一直把该文视为得意之作。又一个九年过去了，回过头来重新审视这篇文章，又会有新的感受和完全不同的评价。

记得很多年前，有一次和我的老领导沈乃文老师闲聊，沈老师问我工作这么多年最大的感受是什么？我想了想回答："胆子越变越小了。"沈老师问我此话怎讲，我解释道："上学的时候学版本，宋刻本什么特点？元刻本什么特点？明刻本什么特点？明初、中、末期刻本什么特点？脑子里好像清清楚楚。可是越到后来，越感觉说不清楚了，也就不敢轻易地下结论了。"沈老师赞许地点点头，微笑着说："李子，你上道儿了！"确实如此，任何事物都有其规律的一面，也有其不规律的一面，这就是所谓的共性与个性关系。拿鉴定版本来说，历来分"学院派"和"书铺子派"两种流派之争，形同水火。其实在我看来，完全没有意义去一较长短、高低，各有所长，也各有所短，相互借鉴，取长补短，这才是正道。古籍版本鉴定是一个综合的鉴定，偏执一念或搞孤证，肯定是要出问题的。具体到《易顺鼎四盟友生卒年考》这篇文章也是如此，当年我在文中，对"齿录"等科举文献的真实性、可靠性给予了充分的肯定。但后来接触这类文献多了，发现并非如此，自己的结论显然是过于武断了。任何事物都要辨证地去看，不能将其绝对化。

"以人为本"鉴定古籍版本的几个实例

　　版本学的最初萌芽是以西汉末年刘向、刘歆父子等人大规模的校书活动为肇端的。经过不断的发展和完善，版本学脱胎于传统目录学而独立成学，由附庸而蔚为大国。而作为版本学重要范畴之一的古籍版本鉴定方法，也经过前人的不懈积累与总结，为我们留下了极其丰富和宝贵的经验。关于古籍版本的鉴定方法，见之于各种文献学著作或专论文章的可谓极其繁富，但总而观之多为拾前人之牙慧；所谓"创建"和"新意"，多不过是加了些"现代味儿"的"添加剂"罢了。这些方法归纳起来大概可分为两大类，也可以称为两大流派：一类是从学术发展源流进行考证，即利用版本学与校勘学、目录学之间相互为用的关系，充分利用目录和校勘工作的成果，从学术内容、版刻源流、篇卷差异、文字异同等方面对古籍的版本进行审慎的研究考证与鉴定。此法是一种比较"理性"的鉴定方法，注重逻辑推理和考据，学术性较强，因而备受学者们的推崇，被视为鉴定古籍版本的"正途"。也正因为此法的"理性"与"正统"，带有浓厚的"学院气"，且执此法者多为教授、学者们，因而此流派也被称为"学院派"。另一类则是以古籍的物质形态、版刻风格等外在特征作为鉴别版本的方法，例如根据图书本身原有的封面、牌记、序跋、字体、避讳、刻工、行款等特征来鉴定版本；或是根据古籍在流传过程中所形成的特点，如批校、题跋、藏章等来鉴定版本。如果说第一种方法的"正统"使人在感觉上略觉"死板"，那么与之相比，第二种方法则充满了"感性"的"洒脱"与"飘逸"；不讲大道理，更多的是凭感觉、眼力和经验，带有浓厚的"江湖气"，因而饱受"学院派"的轻视与诟病，被视为"不入流"的"旁门左道"。由于此法的路数颇不正规，且持此术者多系旧书业中人士，因而此派也被称作"书贾派"。以上两类方法各有所长，也最为常用。除此之外，鉴定古籍版本尚有利用书目著作、古籍书影图谱等工具书的多种辅助方法。

人是一切社会活动的实施者和主体。笔者在实际工作中发现，抓住"人"这个主体，以图书中出现的、与该书的成书或刊刻密切相关的人物为主要线索进行查考，有时能帮助我们确定图书的版本；特别是在利用前面所述诸方法未能有效而陷入山重水复的境地时，这种方法却往往能将我们带到柳暗花明的妙处。现在我们不是总强调"以人为本"吗？这也算是其在版本学上的一种体现吧。下面就试举几例来具体说明。

例1：礼书一百五十卷/（宋）陈祥道编/明崇祯间（1631—1641）张溥、盛顺刻本

书高广 25.7×16.7 厘米。半叶十行二十字，小字双行同。白口，单黑鱼尾，左右双边。版框高 19.8 厘米，宽 14.2 厘米。该本我馆藏有两部，一部为老北大图书馆旧藏，书中钤"周氏藏书印"阳文朱印；另一部为王国维旧物，后归藏燕京大学图书馆。前者著录为明刻本，后者著录为明张溥、盛顺刻本，版本年代跨度较大。《中国古籍善本书目》则著录为明末张溥刻本，版本年代的范围虽然大大缩小了，但既已知刻书者为明末著名人物张溥，应该还有将版本年代进一步缩小的余地。

此本卷端题："宋陈祥道用之编 / 明张溥西铭阅 / 盛顺顺伯参。"卷前有云阳盛顺撰《礼书叙》，中云："余雅嗜此，幸同载刻。"又有娄东张溥撰《礼书叙》，云："吾友盛顺伯，方闻之长也，擅经学，遂出宋本，同点次锓行。"顺伯乃盛顺表字。由二叙可知，此书为张溥与盛顺共同点次刊刻而成。但二叙均未署年，因此，对张溥、盛顺二人的查考，就成为确定此书版本的关键所在。盛顺非名士，生平事迹不详。张溥（1602—1641）初字乾度，后字天如，号西铭，明末著名散文家、政治家。张溥叙末叶版心下锓："李一能刻。"李一能为明崇祯间刻工，除本书之外，还刻过《通鉴纪事本末》和《文选删》，二书均为张溥本。张溥叙末还锓有"太史氏"印。"太史"是明、清时期对翰林的别称。明、清两代，在殿试之后，会从进士中挑选一部分文学出众者入翰林院为翰林官，简称"翰林"。因此，根据此印可知刻此书时张溥已中进士，入翰林院。检《明清进士题名碑录索引》，张溥为崇祯四年（1631）进士。民国七年（1918）本《太仓州志》第十九卷《张溥传》云："（张溥）四年成进士，改庶吉士，以葬亲乞假归。""十四年，溥已卒，……卒年止四十。门人私谥曰'仁学先生'"。故此书当刻于崇祯四年后不久，虽不能定出确切年代，但绝不会晚于崇祯十四年（1641），因为此年张溥卒。因此，此书版本可定为明崇祯间（1631—1641）张溥、盛顺刻本，版本年代从整个明代的近三百年或明末（通常从万历起至明亡）的七十余年，精确到崇祯四年至十四年的十一年间，范围大大缩小了。

例2：叶太史参补古今大方诗经大全十五卷 /（明）叶向高编纂 / 明万历间（1601—1607）书林余氏闽芝城建邑刻本

书高广 26×15.7 厘米。半叶十一行二十字，小字双行同。版分上、下两栏，无直栏。白口，单黑鱼尾，四周双边。版框高 23.9 厘米，宽

13.9厘米。我馆藏本为李盛铎旧藏，书中钤有"麔嘉馆印""木犀轩藏书"阳文朱印。此本《中国古籍善本书目》著录为明书林余氏闽芝城建邑刻本，年代跨度为整个明代。我馆著录为明万历书林余氏闽芝城建邑刻本，缩小至万历一朝。

书中只有抄配宋淳熙四年（1177）朱熹撰《诗经集传序》，别无其他有关此书版本的说明文字。观刻书字体，似明万历风格，然弗敢就此轻定。此本卷端题"礼部左侍郎台山叶向高编纂／翰林太史瀛海张以诚校正／闽芝城建邑书林余氏同梓"。卷端责任者前未冠朝代名，已知叶向高为明代人，故此书为明版毋庸置疑。从卷端所题分析，此书刻于张以诚登科入翰林院之后，而此时叶向高正在礼部左侍郎任上，查《明史》第二百四十卷《叶向高传》，叶氏为福建福清县人，举万历十一年（1583）进士，授庶吉士，进编修。迁南京国子司业，改左中允，仍视司业事。二十六年（1898）召为左庶子，充皇长子侍班官。寻擢南京礼部右侍郎。久之，改吏部，以故滞南京九年。三十五年（1607）擢礼部尚书兼东阁大学士。传中未见叶向高曾任礼部左侍郎的记载。查清乾隆十二年（1747）修光绪二十四年（1898）刻本《福清县志》及《明代传记丛刊》等资料亦如是。中国古代有尊右卑左的传统，叶氏如为逐级累迁，则其任礼部左侍郎时应在万历二十六年之前，即任右侍郎之前；但亦不能排除任右侍郎后左迁之可能。综合叶向高的各种传记，知其于万历三十五年擢礼部尚书兼东阁大学士之后，一直身居显位，未见迁降。因此，如卷端所题无误，则叶向高任礼部左侍郎当在万历十一年至三十五年之间。再检《明清进士题名碑录索引》，张以诚为万历二十九年（1601）进士。综上所述，此书版本可定为明万历二十九年至三十五年间（1601—1607）书林余氏闽芝城建邑刻本，版本年代范围缩小至六年。

例 3: 尚书要旨三十六卷 /（明）王肯堂撰 / 明万历间（1599—1601）天津刻本

书高广 28.5×16.7 厘米。半叶十行二十四字，无直栏。白口，单黑鱼尾，四周单边。版框高 22.7 厘米，宽 13.3 厘米。该本为燕京大学图书馆旧藏。

北大及《中国古籍善本书目》均著录为明刻本，版本年代跨度近三百年。书中有天津兵使张汝蕴撰《尚书要旨序》，序中云："予虑其传写成讹，适太史从兄尔祝来守沧，就索元本，既得而阖属守，若令争欲锓诸梓。梓竣，问序不佞。"序中所言"太史"系著者王肯堂，王为万历十七年（1589）进士，后入翰林院，故称。尔祝乃王肯堂从兄王尧封之表字。据序所云，此书乃张汝蕴在天津兵使任上时，于时任沧州知府的王尧封处索得元本，并据此刊刻而成。然从序中口气来看，非张汝蕴所刻也。查明崇祯刻本《来禽馆集》，第十八卷有《中宪大夫陕西按察司副使章丘逢原张公墓志铭》，铭曰："丙申（万历二十四年，1596），（汝蕴）出监天津仓。""庚子（万历二十八年，1600）大稔，公骑而行……比年迁陕西副使。"故是书当刻于王尧封任沧州知府之后，张汝蕴迁陕西副使之前。查清乾隆四年（1739）本《天津府志》第二十一卷职官志，王尧封于万历二十七年至二十九年（1599—1601）间任沧州知府；张汝蕴于万历二十四年至二十六年（1596—1598）间任天津户部分司监督。据张汝蕴墓志铭云，张氏庚子年（万历二十八年）尚在天津，比年迁陕西副使。由此可知此书为明万历二十七至二十九年间（1599—1601）所刻，刻书地当在天津。近三百年的版本年代跨度，一下子被缩小至三年。

例 4: 周礼六卷 /（元）丘葵撰 / 明嘉靖间（1526—1528）李缉泉州刻本

书高广 30.8×16.2 厘米。半叶十行二十三字。白口，单黑鱼尾，四周单边。版框高 19.6 厘米，宽 12.1 厘米。该本我馆有两部，均为李盛铎旧藏。

此本《中国古籍善本书目》著录为明李缉刻本，版本年代跨度为整个明代。查刻书者李缉为明嘉靖间余干人，字继明，号春江，曾任濮州知州、泉州知府，因此我馆著录为明嘉靖李缉刻本。此书卷端题："清源钓矶丘葵吉甫学 / 无锡后学顾可久编次 / 余干后学李缉重刊 / 余姚后学张心校正。"我们不妨从卷端所题的这几个人物入手，看能否将版本年代进一步缩小。著者丘葵，为元代著名学者，泉州人氏。而刻书者李缉、编次者顾可久、校正者张心，分别为余干人、无锡人、余姚人。不同籍而共与刻书事，故意三人可能在同一时期在同一地区为官，其可能性最大的当属丘葵之籍贯——福建泉州。检清同治九年（1870）重刻民国十七年（1928）泉山书社后印本《泉州府志》，在第二十六卷《职官志》中，果然查到顾、李、张三人均曾在泉州府为官。李缉在正德十二年至嘉靖七年间（1517—1528）任泉州府同知；顾可久于嘉靖五年至十一年间（1526—1532）任泉州知府；张心于嘉靖三年至七年间（1524—1528）任泉州府推官。三人同在泉州府为官的时间在嘉靖五年至七年间（1526—1528）。再查《泉州府志》中有《张心传》，传云："（张心）嗜古好学，手校《周礼全书》刊以行世。"《周礼全书》当即本书。因此可以确定，此书版本为明嘉靖五年至七年间李缉泉州刻本。

以上四例，都是以人物为主线，利用书中提供的称谓、职官、籍贯等线索，经过深入的查考，细致的推理，把书中暗含的结果，从查找有关人物的传记资料过程中提炼出来，以达到缩小版本时间范围之目的，起到了用通常方法所起不到的作用。有时通过对人物的查考，还可以发现一些意想不到的新线索，甚至是与本书版本直接有关的重要线索，颇有些"踏破铁鞋无觅处，得来全不费功夫"的感觉。

例 5: 四书集注十九卷 / (宋) 朱熹章句 / 清康熙三十九年 (1700)
安溪李日煜永州刻本

书高广 29.1×16.8 厘米。半叶九行十七字, 白口, 无鱼尾, 四周单边。版框高 20.7 厘米, 宽 14.5 厘米。书中钤"柳桥珍赏"阳文朱印和"岳阳方氏清诒堂藏书"阴文朱印。"柳桥"是清末著名藏书家方功惠的号。方功惠 (1829—?) 字庆龄, 湖南巴陵 (今岳阳) 人。自幼嗜书, 家有碧琳琅馆, 藏书十万卷, 富甲粤东。古人云"富不过三代", 私家藏书亦如此。方功惠卒后, 其孙方湘宾将碧琳琅馆藏书全部运抵北京, 大部分卖给了琉璃厂书肆, 一部分捐赠给了京师大学堂, 也就是今天的北京大学。至今, 方氏藏书仍藏于北京大学图书馆。此书应为碧琳琅馆旧藏。"清诒堂"或为方功惠后代的堂号。

此书《中庸》第二十六叶"眩"字缺末笔;《论语·泰伯》第二十二叶"弘"字不讳, 从板刻风格和避讳字来看, 此书应为清康熙年间刻本, 本馆著录为清康熙李氏刻本。但康熙帝在位长达六十一年, 版本年代如此笼统, 似于心不甘。而书中又无牌记、刻书序跋等可提供直接线索的刻书信息, 该书的版本似乎就此"盖棺定论"了。此书卷端题:"闽安溪李日煜省甫辑 / 甥德化邓元重仲慈、婿晋江黄式让允人、男光墺广卿、光型仪卿全较定正字。"所列人等皆为李日煜亲属, 这也许是书中为我们留下的缩小版本年代范围的唯一希望和线索。因此, 查考福建安溪李氏就成为我们确定此书版本的关键所在。

据清沈钟等纂, 庄成修, 清乾隆二十二年 (1757) 刻本《安溪县志·李日煜传》[①] 云: 李日煜字省甫, 福建安溪县人。邑诸生, 兼习韬略。清初福建沿海地区"逆藩海寇交讧","贼帅"刘国轩围攻泉州, 日煜从

---

① 见卷八《人物志·武功》。

子光地议请援师。日煁福州请于康亲王，贼闻遁去，泉州之围即解。"随诣都陈平海五策，嘉纳署福建水师总统。"率兵平定厦门、金门两岛贼寇，降"贼将"吴国俊，因此特旨授邵协副将。后调往台湾，剿灭郑成功之部将陈辛，因功擢永州镇总兵官。以年老乞归。日熷辑性理诸书以进，康熙帝特颁御书"方重淳深"四字褒之。年九十卒。安溪李氏为当地望族，特别是清代康、雍、乾三朝，文才辈出。一代名臣、著名理学家李光地就是其中的代表人物。

1644 年，崛起于辽东的大清政权，铁流突进，长驱直入，从山海关大举入关。此后相继剿灭了李自成的"大顺"、张献忠的"大西"两个农民起义政权，以及南明小朝廷，建立了新的统治秩序。但是，武力征服并未就此而终止，为了巩固新生政权，清初统治者仍然不断用兵。康熙十二年（1673），北部边疆爆发了蒙古的布尔尼叛乱，继而南方又爆发了"三藩之乱"。康熙二十二年（1683），清兵渡海作战，收复了台湾，华夏归为一统。直到康熙三十六年（1697），平定准噶尔部噶尔丹叛乱后，国家才进入到一个相对安定的状态。所谓清初福建沿海地区的"逆藩海寇交讧"，"逆藩"是指以吴三桂为首的"三藩之乱"，此处特指盘踞福建的靖南王耿精忠；"海寇"则指据守台湾的明延平郡王郑成功。成功卒于康熙元年（1662），死后由其长子郑经（一名锦）嗣为延平郡王。刘国轩乃郑成功旧将，随成功亲历收复台湾诸役，以战功擢为大将。郑经立，以其总领台湾军事。郑经死，拥立郑克塽，晋武平侯。

个人的命运往往是和国家的命运紧密联系、息息相关的。大清政权在中原的统治稳定之前的几十年里，李日煜是在四处征战中度过的。特别是解泉州之围，是李日煜一生具有重要意义的转折点。《安溪县志》的《李日煜传》中，未注明解围泉州的具体时间，不过，我们可以从对这一事件中另一个重要人物——康亲王的记述中获知。康亲王名杰书，乃清太祖努尔哈赤第二子、和硕礼烈亲王代善之孙。其父为代善第八子、镇国公祜塞。杰书为祜塞第三子，顺治六年（1649）十月袭多罗郡王，八年（1651）二月加号曰"康"。顺治十六年（1659）十二月，常阿岱降爵，以杰书袭和硕亲王，仍号"康"。康熙十三年（1674）六月，授奉命大将军，讨"逆藩"耿精忠[①]。康熙十七年（1678）四月，郑经所部总统刘国轩，率部陷平和，继而连下海澄、漳平、同安、惠安等地，围攻泉州。上诏责拉哈达急援，然值江水泛涨，泥泞难行。时侍读学士李光地丁忧家居，遣人来迎，请为向导。拉哈达领兵趋安溪，进薄泉州，"贼乃窜遁"，城围遂解[②]。李日煜也就此开始了自己的军旅生涯，转战于福建、湖南、台湾等地。李日煜不仅谙习韬略，还精于性理之学，但戎马倥偬之间，似无暇兼顾文事。因此，该《四书集注》不大可能刊刻于战事频繁的这段时间。

查清乾隆二十二年（1757）刻本《安溪县志》，卷七中有李日煜之子《李光壂传》。光壂字广卿，为日煜长子。弱冠即负文章之誉，康熙五十年（1711）领乡荐，六十年（1721）成进士，被选为庶吉士，充武英殿纂修。其中进士时，年已过知命。后请终养告归。雍正十三年（1735）复充一统志馆，纂修《八旗人物志》，上深嘉之。继而出督山东学政，旋擢国子监司业。年六十九时病故。著有《考工发明》《二李经说》《沈余文集》《沈余诗集》等。《李光壂传》中提到，光壂年三十时，随其父宦湖南。日煜刊刻朱子遗集数种，光壂与弟光型校订精核。又云李光壂康熙辛卯年成举人，时年四十一岁。康熙辛卯年即康熙五十年，亦即1711年。据此推算，李光壂年三十时是康熙三十九年（1700）。再查清李瀚章

---

①《文渊阁四库全书》本《钦定宗室王公功绩表传》卷三。

②《文渊阁四库全书》本《钦定八旗通志》卷一三八。

修，曾国荃纂，清光绪十一年（1885）府学宫尊经阁刻本《湖南通志》，卷一百三十一《职官志》中记载，李日煜曾于康熙三十一年至三十九年（1692—1700）在湖南为官，官拜永州镇总兵。而光墺与光型兄弟校订其父所刻朱子遗集时，正是其父在湖南为官的最后一年，即康熙三十九年（1700）。本馆所藏之宋朱熹章句的《四书集注》，当为李日煜所刻的朱子遗集数种中的一种。综上所述，我们可以把此书的版本年代，从整个六十一年确定在康熙三十九年（1700）这一年上，即定为清康熙三十九年（1700）安溪李日煜永州刻本。

本馆著录此书为宋朱熹章句，清李日煜辑，应该是依据上文所提到的《大学章句》的卷端。不过，笔者认为著录李日煜为编辑者并不准确。《安溪县志》卷七《李光墺传》中云："日煜刊刻朱子遗集数种。"可见，李日煜是"朱子遗集数种"的辑刻者，他的辑刻之功是对数种朱子遗集整体而言的，《四书集注》仅仅是数种中的一种。也就是说，李日煜相当于辑刻了一套朱子的"独撰丛书"，如果对这套"丛书"进行整体著录，那注明"清李日煜辑"无疑是正确的。如果要对子目进行单独著录，则无必要注明"清李日煜辑"。因为作为当时科举考试范本的《四书集注》，是非常普及的、热衷于举业者的必备读物，版本也是由国家指定的。即便是在兵燹不绝的战乱年代，得之并非难事。

此例是笔者阐述本文观点最经典的一个实例。在书中未提供任何直接、明确的线索的情况下，通过对关键人物的查考，却取得了比前四例更好的结果：不仅确定了十分精确的版本年代，还有意外之喜：纠正了原来作为次要责任者的李日煜的著录错误；确定了刻书者和刻书地。

那么，以上所举五例均为刻本，而抄、稿本是否也同样适用呢？答案是肯定的。

**例 6：书蔡氏传辑录纂注六卷 /（宋）蔡沈集传；（元）董鼎辑录纂注 /
清初（1644—1694）徐氏怡颜堂乌丝栏抄本**

书高广 23.4×16.3 厘米。半叶十行二十二字，小字双行同。白口，
单黑鱼尾，左右双边。版框高 18.6 厘米，宽 14 厘米。乌丝栏抄本。

书中钤有"抱经堂印""卢文弨印""绍弓氏""武林汪奉玄家藏
典籍""汪襄""周印星诒""季昶""鏖嘉馆印"等藏印多枚，可知此
书曾经卢文弨、汪襄、周星诒、李盛铎等著名藏书家递藏，流传有序；
由此也可"掂"出此书的"份量"。书衣有李盛铎墨笔题记："书传辑
录纂注 / 六卷 / 四册 / 怡颜堂抄本 / 抱经堂旧藏 / 壬戌处暑后二日捡书
题记 / 盛铎。"该本有多个题名：卷端题名就是一个"书"字；书衣李
盛铎墨笔题记作"书传辑录纂注"；卷前"引用诸书"题名为"书蔡氏
传辑录"；"凡例"题名为"书蔡氏传辑录纂注"，本馆著录据"凡例"
题名。

此书版本本馆著录为清怡颜堂抄本。据上述藏印可知，清代校勘
学大师、"乾嘉学派"巨子卢文弨是此书的第一个藏家。卢氏生于康熙
五十六年（1717），卒于嘉庆元年（1796），则此书至晚抄于乾隆间。书
中"玄""弘""历"皆不讳，故可能抄于乾隆朝之前。此书行格为刻印
而成，板心下刻有"怡颜堂抄书"字样。检《清人室名别号索引》，以"怡
颜堂"名室的，清代有孙燮、徐乾学两位。孙燮为乌程人，清光绪七年
（1881）本《乌程县志》第十卷有传。孙氏为道光八年（1828）岁贡，其
主要活动当在道光、咸丰乃至同治期间。而卢文弨为乾隆时人，故此"怡
颜堂"非孙氏之"怡颜堂"也。查民国四年（1915）铅印本《传是楼书
目·经部》，著录有《元董鼎尚书辑录纂注》六卷，抄四本，当即此书。
《传是楼书目》为徐乾学所辑，由此判断此书当为徐氏之"怡颜堂"所抄。
因未得与徐氏手迹相核，尚不知此书是否为徐氏本人所抄。徐乾学为清

初著名学者、藏书家，生于崇祯四年（1631），卒于康熙三十三年（1694），此书当抄于康熙三十三年以前，早亦不至早过顺治。《传是楼书目》前有汪琬记，云传是楼建成于康熙二十九年（1690）前后，至于是先有楼还是先抄书，那就无从查考了。又因为康熙二十年（1681）之前是不避"玄"字的，所以此书的版本年代范围，由清朝的二百六十余年，缩小至清顺治元年至康熙二十年（1644—1681）的三十多年之间。

例7：东壁疑义存四卷 /（清）吴廷华撰 / 清乾隆间（1736—1741）抄本

书高广 27×18.2 厘米。半叶九行二十五字，无版框直格。书中钤"桐城姚伯印氏藏书记"阳文朱印、"翰林院印"满汉合璧阳文朱印。"伯印"乃嘉庆十年（1805）进士、内阁学士姚元之表字。

此书为李盛铎旧藏，存《周礼》卷一至四，北大原著录为清抄本。"东壁"为著者吴廷华号。吴廷华曾著有《三礼疑义》，《东壁疑义》或即此书。本书卷首有签条，钤有"总办处阅定，拟存目"戳记，似为四库馆臣读过，并拟收入四库存目。然《四库全书总目·经部·礼类二》吴廷华《仪礼章句》条云："著《二礼疑义》数十卷。案：廷华所著《周礼疑义》今未之见。"签条曰阅定，拟存目，而《四库全书总目》又曰未见，此书源流有可议之处。此先不必说。书中康熙、乾隆两朝讳字皆避，嘉庆讳字"琰"不缺笔，由此断定此书抄于乾隆间。又书中钤有"文渊阁大学士之章"阴文朱印及"仁圃藏书"二章，查《清人室名别号索引》，仁圃为赵国麟表字，故知此书曾经赵氏收藏，再查《清代传记丛刊》有《赵国麟传》。赵为山东泰安人，康熙四十五年（1706）中进士，历任知县、知府、盐运使、布政使、巡抚、礼部尚书等职，乾隆四年（1739）授大学士衔。六年（1741）坐事被参，降至礼部侍郎。次年以病乞休，恩准回籍而未再仕。既然可以肯定此书抄于乾隆间，又知赵国麟乾隆六年由大学士降至礼部侍郎，那么根据书中大学士章即可断定此书抄于清乾隆元年至六年之间。

以上两例，以人物为主线，借助于堂号、避讳、藏章等其他线索，经过分析、综合，把原来误作为普通本的古籍，还其以善本的本来面目。

例8：藏事往来电不分卷/国务院秘书厅电务科编/民国初年（1912—1913）抄本

书高广 27.4×16.6 厘米。信笺式版框，半叶八行字不等。四周双边，框高 19.2 厘米，宽 11.5 厘米。朱丝栏抄本。

书名据书衣墨笔题名。所附纸签墨笔题："藏事三册，送呈卢先生督收。璜。余、续编。"此书用国务院秘书厅电务科朱印专用纸，版心 A 面上印"国务院"，下印"字第□号"（实为叶次，"□"为墨笔填写）；B 面下印"秘书厅"。由此推断收件人"卢先生"乃民国初年曾任国务院秘书长的卢弼。卢弼（1875—1967），字慎之。湖北沔阳（今仙桃）人。清末附贡生。1905年留学日本。毕业于早稻田大学政治经济科。1908年回国。曾任黑龙江抚署秘书官、交涉局会办、调查局总办、统计局专办、会勘中俄边界大臣会议委员。1912年后任北京政府铨叙局、国务院秘书，蒙藏事务局顾问，国务院秘书长，文官惩戒委员会委员，平政院院长。晚年寓居天津，潜心著述。编著有《三国志集解》《三国志注引书目》《三国职官录》《慎园诗选》等。查《民国职官年表》，卢弼于民国二年（1913）五月署理国务院秘书厅秘书长，秘书厅于次年五月裁撤。纸签未署官讳而称"先生"，说明是在任国务院秘书厅秘书长之前。经查，1912年至1913年五月前，卢弼曾任国务院秘书、蒙藏事务局顾问，故意此书应抄于此间。

例 9：呈报荡平西捻在事出力之文武员弁兵勇拟保官阶底稿 / 清同治七年（1868）写本

书高广 19.7 × 21.7 厘米。无版框直格。半叶十二行字不等，小字双行字不等。

书名据书衣墨笔题名。据卷端所题，此稿应为淮军"勋字军"统领呈报的奏本。"勋字军"简称"勋军"，同治元年（1862）在上海组建，李鸿章调"霆字军"参将杨鼎勋为统领。同治七年（1868）8 月 16 日，西捻军在山东茌平全军覆没，由此标志捻军起义的最终失败。从题名看，此书为"勋军"统领在"荡平""西捻"之后，为本部及其他参战的有功人员报功请赏的呈奏底稿。此前几日，杨鼎勋因旧伤复发而亡，并未看到最后的胜利。据刘声木撰《苌楚斋随笔》卷二云，杨鼎勋殁后，"勋军"旧将段某（不知其名）继任统领，此公幸运地成了"摘桃者"。此书既然是"荡平西捻"之后的请功呈稿，那么责任者应为段某，而不是杨鼎勋。据《淮军志》载，平定捻军起义当年 12 月，淮军进行了裁军，各军建制均有削减。12 月 23 日，"勋军"由同治六年 10 月的步队十五营、马队三营，裁掉步队十营、马队三营，仅剩步队五营。而卷端所题有功者所属各部，仍作"勋字步队十五营、马队三营"，可知此书成于同治七年（1868）8 月 16 日至 12 月 23 日之间。

从以上所举实例我们可以看到，对古籍著者、抄刻者、校订者等相关人物的查考，对古籍的鉴定，特别是对古籍版本的鉴定具有特殊的意义。因为此法注重逻辑推理和考据，如果套用篇首介绍的版本鉴定两个主要流派的划分标准来划定，它应该归为理性的"学院派"。但是我们还应看到，任何鉴定方法都不可能脱离其他条件而独立存在。就以查考人物来说，同样需要借助于职官、称谓、堂号、籍贯（地名）、藏章等其他线索，否则寸步难行；或者如大海捞针，事倍功半。从事古籍整理工作的同志都知道，古籍版本的情况参伍错杂，绝无定式。因此，鉴定古籍版本就必须综合运用各种方法来进行全面的分析，任何标榜所谓正途独尊一术的做法都是片面的，不科学的，都会形成孤证而导致判断失误。古籍版本的鉴定是一项细致而复杂的工作，而以人物为主线鉴定古籍版本只不过是其筌蹄之一罢了。

（发表于《历史文献研究》总第三十一辑，华东师范大学出版社2012年版）

附记：

本文是在笔者发表于《津图学刊》1995年第1期上的《以人物为主线鉴定古籍版本的几个实例》一文的基础之上修改而成。《以人物为主线鉴定古籍版本的几个实例》是笔者从业后发表的第一篇学术论文，被笔者戏称为"处女座的处女作"。文中所举例子，全部是笔者在实际编目工作中碰到的实例，反映了笔者入行初期对版本鉴定的浅显认识和实际经验的自我总结。这也是笔者首次尝试专业学术论文的写作，投到《津图学刊》也是误打误撞，没想到会被刊用。这无疑给了笔者莫大的精神鼓励。十六年之后的2011年，适逢中国历史文献研究会的创始人、华中师大的著名文献学家张舜徽先生诞辰一百周年，文献会年会在华中师大召开。按照惯例，文献会年会一般在每年的10月中下旬举行，笔者可以利用暑假时间准备会议论文。但2011年正好也是辛亥革命爆发一百周年，10月份武汉要举行盛大的纪念活动，年会不得不提前。武汉是有名的"四大火炉"之一，7—9月正是最热的时候。再加上高考阅卷的影响，会期改在了 6 月中下旬。中间没有了暑假，笔者就没有时间写论文了，只得拿出这篇旧作。重新审读，觉得十六年前写的文章真是稚嫩，遂全面修改，并换了个别实例。蒙周少川会长抬爱，将此文收入文献会会刊——《历史文献研究》总第三十一辑。

北京大学图书馆藏朱子遗集一种小考

北京大学图书馆藏有朱子遗集一种，半叶九行十七字，白口，无鱼尾，四周单边。板心上分别刻有《大学》《中庸》《论语》《孟子》等四书名，下刻叶次。卷端无大题，书前有宋淳熙己酉年（淳熙十六年，1189）朱熹撰《大学章句序》《中庸章句序》，另有《论语序说》《孟子序说》，无刻书序跋。该书内容为四书原文，并有小字双行注。从其内容，特别是朱熹所撰《大学章句序》《中庸章句序》以及《论语序说》《孟子序说》来看，应该是朱熹章句的《四书集注》。查本馆所藏清雍正间国子监刻本《四书集注》，果然如是。该书无总卷数，《大学》《中庸》《论语》《孟子》单独计卷，计为《大学》《中庸》各一卷、《论语》十卷、《孟子》七卷，合计十九卷。

此书《中庸》第二十六叶"眩"字缺末笔；《论语·泰伯》第二十二叶"弘"字不讳，从板刻风格和避讳字来看，此书应为清康熙年间刻本，本馆也是这样著录的。但康熙帝在位长达六十一年，版本年代如此笼统，似于心不甘，而书中又无牌记、刻书序跋等可提供直接线索的刻书信息，此书的版本似乎也就到此为止了。此书共有八册，第一册卷端题："大学／闽安溪李日煜省甫辑／甥德化邓元重仲慈、婿晋江黄式让允人、男光墺广卿、光型仪卿全较定正字。"李日煜及子光墺、光型均为康熙间人，也许这就是可以利用的唯一线索。

据清沈钟等纂，庄成修，清乾隆二十二年（1757）刻本《安溪县志·李日煜传》①云：李日煜字省甫，福建安溪县人。邑诸生，兼习韬略。清初福建沿海地区"逆藩海寇交讧"，"贼帅"刘国轩围攻泉州，日烆从子光地议请援师。日烆福州请于康亲王，贼闻遁去，泉州之围即解。"随诣都陈平海五策，嘉纳署福建水师总统"。率兵平定厦门、金门两岛贼寇，降"贼将"吴国俊，因此特旨授邵协副将。后调往台湾，剿灭郑成功之部将陈辛，因功擢永州镇总兵官。以年老乞归。日熷辑性理诸书以进，康熙帝特颁御书"方重淳深"四字褒之。年九十卒。安溪李氏为当地望族，特别是清代康雍乾三朝，文才辈出，一代名臣、著名理学家李光地就是其中的代表人物。

公元 1644 年，崛起于辽东的大清政权，铁流突进，长驱直入，从山海关大举入关。此后相继剿灭了李自成的"大顺"、张献忠的"大西"两个农民起义政权，以及南明小朝廷，建立了新的统治秩序。但是，武力征服并未就此终止，为了巩固新生政权，清初统治者仍然不断用兵。康熙十二年（1673），北部边疆爆发了蒙古的布尔尼叛乱，继而南方又爆发了"三藩之乱"。康熙二十二年（1683），清兵渡海作战，收复了台湾，华夏归为一统。直到康熙三十六年（1697），平定准噶尔部噶尔丹叛乱后，国家才进入到一个相对安定的状态。所谓清初福建沿海地区的"逆藩海寇交讧"，"逆藩"是指以吴三桂为首的"三藩之乱"，此处特指盘踞福建的靖南王耿精忠；"海寇"则指据守台湾的明延平郡王郑成功。成功卒于康熙元年（1662），死后由其长子郑经（一名锦）嗣为延平郡王。刘国轩乃郑成功旧将，随成功亲历收复台湾诸役，以战功擢为大将。郑经立，

---

① 见卷八《人物志·武功》。

以其总领台湾军事。郑经死，拥立郑克塽，晋武平侯。

个人的命运往往是和国家的命运紧密联系、息息相关的。大清政权在中原的统治稳定之前的几十年里，李日煜是在四处征战中度过的。特别是解泉州之围，是李日煜一生具有重要意义的转折点。《安溪县志》的《李日煜传》中，未注明解围泉州的具体时间，不过，我们可以从对这一事件中另一个重要人物——康亲王的记述中获知。康亲王名杰书，乃清太祖努尔哈赤第二子、和硕礼烈亲王代善之孙。其父为代善第八子、镇国公祜塞。杰书为祜塞第三子，顺治六年（1649）十月袭多罗郡王，八年（1651）二月加号曰"康"。顺治十六年（1659）十二月，常阿岱降爵，以杰书袭和硕亲王，仍号"康"。康熙十三年（1674）六月，授奉命大将军，讨"逆藩"耿精忠①。康熙十七年（1678）四月，郑经所部总统刘国轩，率部陷平和，继而连下海澄、漳平、同安、惠安等地，围攻泉州。上诏责拉哈达急援，然值江水泛涨，泥泞难行。时侍读学士李光地丁忧家居，遣人来迎，请为向导。拉哈达领兵趋安溪，进薄泉州，"贼乃窜遁"，城围遂解②。李日煜也就此开始了自己的军旅生涯，转战于福建、湖南、台湾等地。李日煜不仅谙习韬略，还精于性理之学，但戎马倥偬之间，似无暇兼顾文事。因此，该《四书集注》不大可能刊刻于战事频繁的这段时间。

查清乾隆二十二年（1757）刻本《安溪县志》，卷七中有李日煜之子《李光墺传》。光墺字广卿，为日煜长子。弱冠即负文章之誉，康熙五十年（1711）领乡荐，六十年（1721）成进士，被选为庶吉士，充武英殿纂修。其中进士时，年已过知命。后请终养告归。雍正十三年（1735）

---

① 《文渊阁四库全书》本《钦定宗室王公功绩表传》卷三。
② 《文渊阁四库全书》本《钦定八旗通志》卷一三八。

复充一统志馆，纂修《八旗人物志》，上深嘉之。继而出督山东学政，旋擢国子监司业。年六十九时病故。著有《考工发明》《二李经说》《沈余文集》《沈余诗集》等。《李光墺传》中提到，光墺年三十时，随其父宦湖南。日煜刊刻朱子遗集数种，光墺与弟光型校订精核。又云李光墺康熙辛卯年成举人，时年四十一岁。康熙辛卯年即康熙五十年，亦即1711年。据此推算，李光墺年三十时是康熙三十九年（1700）。再查清李瀚章修，曾国荃纂，清光绪十一年（1885）府学宫尊经阁刻本《湖南通志》，卷一百三十一《职官志》中记载，李日煜曾于康熙三十一年至三十九年（1692—1700）在湖南为官，官拜永州镇总兵。而光墺与光型兄弟校订其父所刻朱子遗集时，正是其父在湖南为官的最后一年，即康熙三十九年（1700）。本馆所藏之宋朱熹章句的《四书集注》，当为李日煜所刻的朱子遗集数种中的一种。综上所述，我们可以把此书的版本年代，从整个六十一年确定在康熙三十九年（1700）这一年上，即定为清康熙三十九年（1700）安溪李日煜永州刻本。

本馆著录此书为宋朱熹章句，清李日煜辑，应该是依据上文所提到的《大学章句》的卷端。不过，笔者认为著录李日煜为编辑者并不准确。《安溪县志》卷七李光墺传中云："日煜刊刻朱子遗集数种。"可见，李日煜是"朱子遗集数种"的辑刻者，他的辑刻之功是对数种朱子遗集整体而言的，《四书集注》仅仅是数种中的一种。也就是说，李日煜相当于辑刻了一套朱子的"独撰丛书"，如果对这套"丛书"进行整体著录，那注明"清李日煜辑"无疑是正确的。如果要对子目进行单独著录，则无必要注明"清李日煜辑"。因为作为当时科举考试范本的《四书集注》，是非常普及的、热衷于举业者的必备读物，版本也是由国家指定的。即便是在兵燹不绝的战乱年代，得之并非难事。

通过对本书书名、责任者、版本、刻书者、刻书地等著录项目的考定，我们发现：对古籍著者、抄刻者、校订者等相关人物的查考，对古籍的鉴定，特别是对古籍版本的鉴定具有特殊的意义。

版本学的最初萌芽是以西汉末年刘向、刘歆父子等人大规模的校书活动为肇端的。经过不断的发展和完善，版本学脱胎于传统目录学而独立成学，由附庸而蔚为大国。而作为版本学重要范畴之一的古籍版本鉴定方法，也经过前人的不懈积累与总结，为我们留下了极其丰富和宝贵的经验，归纳起来大概可分为两大类。一类是从学术发展源流进行考证，即利用版本学与校勘学、目录学之间相互为用的关系，充分利用目录和校勘工作的成果，从学术内容、版刻源流、篇卷差异、文字异同等方面对古籍的版本进行审慎的研究考证与鉴定。此法亦为许多专家学者视为鉴定古籍版本的正途。另一类则是以古籍的物质形态、版刻风格等外在特征作为鉴别版本的方法，例如根据图书本身原有的封面、牌记、序跋、字体、避讳、刻工、行款等特征来鉴定版本；或是根据古籍在流传过程中所形成的特点，如批校、题跋、藏章等来鉴定版本，两类方法各有所长，也最为常用。除此之外，鉴定古籍版本尚有利用书目著作、古籍书影图谱等工具书的多种辅助方法。人是一切社会活动的主体。在实际工作中笔者发现，以人物为主线，对古籍中出现的责任者、校刊者、抄写人等人物进行查考，有时对我们鉴定古籍版本具有特殊的作用，特别是在利用前面所述诸方法未能有效而陷入山重水复的境地时，对相关人物的查考却往往能将我们带到柳暗花明的妙处。

（发表于《中国文化研究》2012 年第一期（春之卷））

附记：

本文原为《以人物为主线鉴定古籍版本的几个实例》中一个最为经典的实例。通过对该本辑刻者李日煜的查考，不仅缩小了版本年代的跨度，还准确地考证出了它的刻书年。其剥丝抽茧的考证过程，犹如断案一般神奇和刺激；最后结论的得出，又如案情破获一样，充满了成就感，甚至有些洋洋得意。因参加 2006 年在江西上饶举行的文献会年会，主题为朱子学，特意将此例从《以人物为主线鉴定古籍版本的几个实例》中提出，扩写而成。

《浙江官书局减定书价》——一本不起眼的小书

  日前，笔者在本馆未编古籍的编目过程中，经手了一本小书——《浙江官书局减定书价》（以下简称《减定书价》）。此书为浙江官书局编，高21厘米，广12.7厘米，包背装。全书为上下波纹、竖直线的信笺式版式，写刻朱印。每半叶七行，每行二十五字。白口，无鱼尾，四周单边。书衣朱印题名为"浙江官书局书目"，版心题名为"浙江官书局减定书价"，因书中内容为浙江官书局减定书价事，故以版心题名为正题名。

  卷首有《浙江官书局示照》（以下简称《示照》）和《浙江官书局简明新章》（以下简称《新章》），《新章》之后即本书正文，亦即减价书目。版式由上至下分为四栏，依次为书名、册数、用纸、各种纸印本的单价。如《新章》所言，整个书目按照传统的经、史、子、集四部分类法类分图书。各类之中，又以"御制""御纂""御批"各书排列于首，且抬三格。而有"钦定""头衔"的书，只享受抬三格的待遇，而无居首之待遇。但细观本书条目，其实分类混乱。如经部第一条为《御制劝善要言》，这是一部子部书，而不是经部书。经部、史部还算"规整"，子部和集部则非常混乱。如子部中既有《周易郑康成注》《诗考》《诗地理考》《郑氏诗谱考》《春秋氏族谱》《韵补》《急就篇》《小尔雅》等经部书，又有《艺文志》《通鉴地理通释》《汉制考》《通鉴答问》《深宁年谱》《东南纪事》

《西南纪事》《海东逸史》等史部书，甚至还有《古文渊鉴》《李忠定公别集》等集部书。集部之中则有《易宪》《尚书考异》《四书约旨》等经部书，《唐鉴音注》《浙江全省舆图》《浙江海塘新图》《浙江省垣城厢分图》《浙江贡院图》《先圣生卒年月日考》《朱子年谱》等史部书，《澌嗌存愚》《先正遗规》《儒门法语》等子部书。减价书目后又有"附售"书目，也是各类混杂。全书共著录图书一百八十四种，其中减价书目一百六十三种，"附售"书目二十一种。

《示照》中有"本局自同治六年（1867）倡设"之语；《新章》中又云"本局刊板印书已二十六年"，并两次提及"光绪十八年（1892）七月二十日"的起照日，这也是书中出现的最晚时间。据以上两相综合推算，本书的版刻年代应为光绪十八年（1892）。

又据《示照》云，浙江官书局自倡设至今（光绪十八年，1892），"广延耆秀，校勘成书日多。设立官书坊，印订售销，原为嘉惠士林起见。书目向有刊本，其价系于光绪七年（1881）十月减定。近来书籍售销日广，成本较敷周转。蒙抚宪 [①] 体恤寒畯，仍恐购读不易，饬再酌减。本局遵按现行书目刊本，核作八折至九五折不等，禀明抚宪，减定其现今新刻各书。及将来续刻各书，即照此次减定价目。为此将书目刊本另行编刊，并刊列《简明新章》，以便通行周知"。这就是编辑此书之缘起。书中"醇"字作"醕"，避同治帝讳；"仪"（宣统帝讳）字不避。

综上所述，该书的版本即可定为清光绪十八年（1892）浙江官书局刻浙江官书坊朱印本。

此书开本不大，全书不过二十一叶，且前五叶是重复印刷，实际应为十六叶。就是这样一本很不起眼的小书，却载有很多有价值的信息。

---

① 抚宪：下属对巡抚的尊称。

首先是关于此书的编者和出版者浙江官书局。上文提到,《示照》中云,"本局"倡设于同治六年(1867)。其局址在杭州城内小营巷报恩寺内。而关于浙江官书局的创立时间,历来说法不一。如魏隐儒先生编著的《中国古籍印刷史》一书云:"(浙江官书局)是浙江省布政使杨昌濬、按察使王凯泰二人为了迎合曾氏①,于同治三年(1804)②呈准巡抚马新贻设立的。"③又检清陈璚修,民国十一年(1922)卢永祥杭州铅印本《杭州府志》,中载:书局为"同治六年(1867)巡抚马新贻奏设。初在小营巷报恩寺,后移中正巷三忠祠,以报恩寺为官书坊。光绪八年(1882)庋版片于祠中,提调盛康于祠侧听园添筑屋宇,以居校勘之士"④。还有说为同治四年(1865)创设的。观此书《示照》后可知,《杭州府志》的记载是正确的。方志乃地方信史,应该是比较可靠的。而《示照》为浙江官书局所拟,自家人说自家事,也应该是可信的。两相印证,浙江官书局正式创立的时间应该是同治六年(1867),而且成立当年即开始刻书了。

其次,从《新章》中,我们还可以了解到浙江官书局的一些经营情况。

如本次减价的时限是"光绪十八年七月二十日",也就是起照之日。自兹日起,此后销售的图书,均按减定后的新价,"划一不二"。交易时,"仍用制足大钱,不折不扣,洋价照市";且一律使用现钱,"概不划抵赊欠"。

浙江官书局有一个传统:凡该局出版的书,都是有夹板的。此次减价之后,为了降低成本,"除《九通》仍用夹板外,余均先将夹板减省,

---

① 曾国藩。晚清政治腐败,内忧外患,民怨沸腾,各地起义不断。作为清廷重臣,曾国藩一面武力镇压,一面号召知识分子维护封建文化。而在各省设立官书局,即为当时的重要举措之一。此举之首创者,就是这位曾大人。

② 误,应为1864年。

③ 印刷工业出版社1988年版,第149页。

④ 卷十九公署二第34叶。

再将书价核减。嗣后如有仍需夹板，托为代办者，每付定价壹百贰拾文，于书外另加。其装箱、衬纸、绳索及挑力，均请自给。书籍出门概不退换。如有缺页，请携书至官书坊查明照补。"

关于浙江官书局刊印图书的用纸和装帧情况，《新章》中也有记载："印书纸张仍以连史、官堆、赛连、毛太四种酌量配用。书面仍用栗壳纸，以丝线装订。各书单片照后开定价，按九折核收。如有绩学家须定印宣纸、东洋纸，及用绫面、绢面各色纸面，线订、装潢格外精致者，请至官书坊面议。"

关于本局书目之编排体例，《新章》说是按经、史、子、集分类排列的。"将来续刻各种，仍以成书先后为序，俟积久再行排类"。因此，本书目分类混乱也许是属于此种情况。另外，"其本省城内各衙门刊印通行公件板，仍留局印售，并各处寄售。各书另页附刊于后，均照工本价酌加经费。至外省、本省各衙署、局所、书院需用书籍，备价来者，照常买卖。无价，则应请由浙抚宪转行饬取。"

第三，是关于该书正文著录的第一种书——《御制劝善要言》的版本。这是一部在清代出版史上非常有名的书。说其"有名"，并不仅仅是因为它的"御制"身份，而是其版本之多，在清代文献中是非常少见的；而且不仅有汉文本，还有满文本、蒙文本。特别是它的满文本，版本也很多，光殿刻就刻印过两次，也就是有两个版本的"殿本"，这在满文古籍中堪称之最。

所谓"内府刻书"，是清代宫廷刻书的代称。因为清代的宫廷刻书主要由内务府负责，故称"内府刻书"，所刻图书统称为"内府本"。康熙十九年（1680），康熙颁旨设立武英殿造办处，专门负责内府图书的雕版、印刷和装潢事宜，办公地点就设在武英殿。自此，内府刻书即以武英殿为中心，因此所刻图书统称为"武英殿刻本"，简称"殿本"。

所谓"御制"《劝善要言》，是清世祖福临辑录汉文典籍中的论"善"格言，并论述"知命顺天""先义后利"，劝人向善、行善，宣扬因果报应，以达到教化臣民之目的的一部伦理学文献。出于统治阶级的政治需要，此书被奉为治国驭民的精神圣典而被广泛传刻，为后人留下了多文种的多个版本，仅笔者经眼者就有十数个之多。其中，尤以清顺治十二年（1655）内府刻满、汉文本最为著名，为该书最早的刻本。该本已被收入第二、三批《国家珍贵古籍名录图录》中。遗憾的是，由国内一流古籍版本专家鉴定把关，有着国家珍贵古籍版本范本性质的《国家珍贵古籍名录图录》，居然误将光绪刻本定为顺治刻本，出现了极其低级的错误。

笔者首先是从《楮墨芸香——国家珍贵古籍特展图录》①（以下简称《楮墨芸香》）中发现这一错误的。该书收录的该版本，是由中国民族图书馆（前身为民族文化宫图书馆）申报的。观其书影，为满汉合璧，版刻风格绝对不是清初的，而与我馆所藏光绪间刻本，无论从内容、文种形式、行款版式和版刻风格，都极其相似。我馆藏有多部"长相"酷肖、但版本不同的光绪间刻满汉合璧本《御制劝善要言》，书中多处出现避讳现象：

1. 正文第三十一叶 B 面有"不彰人短，不衔己长"语，"衔"字中间的"玄"字缺末笔，是避康熙帝讳。

2. 正文后有图海撰后序，第三叶 B 面有云："善者则益当加勉，而进入淳良，以求吉庆"，"淳"改作"纯"，显然是避同治帝讳。第五叶 A 面图海后序末署："内翰林弘文院大学士兼资政大夫图海"，其中"弘文院"作"宏文院"，是避乾隆帝讳。

---

① 中国国家图书馆、中国国家古籍保护中心编，国家图书馆出版社 2010 年版，第313 页。

3. 正文第三十四叶 B 面有"沽买虚誉，包贮险心"语，"贮"字缺末笔，是避咸丰帝讳。

笔者于是联系在中国民族图书馆工作的好友，请求代为核查他们馆申报的这个本子的避讳情况。经查，以上避讳与我馆光绪间刻本完全一致。显然，民族图书馆申报的这个本子并非顺治十二年（1655）内府刻本，而是光绪年间刻本。《楮墨芸香》是《第三批国家珍贵古籍名录》的特展图录，所展出各本，均是确定将收入《第三批国家珍贵古籍名录图录》①（以下简称《第三批》）的；而该图录的责任编辑也是笔者挚友，于是赶紧电话联系，告以详情，以免图录出版时出错。谁知就在几天之后，我馆收到刚刚出版的《第二批国家珍贵古籍名录图录》②（以下简称《第二批》），笔者遗憾地发现，错误已经出现在《第二批》上③了。而更令笔者惊愕的是，《第三批》的图录中④，此错误再次出现。《第二批》中收录了两个顺治十二年（1655）内府刻本，第 296 页的，是中国社会科学院民族与人类学研究所图书馆申报的，满汉合璧本。书高 37 厘米，广 22 厘米。版框高 25.5 厘米，广 17.7 厘米，无直栏。半叶满、汉文相间各五行，白口，单黑鱼尾，四周双边。实际上也是一个光绪间刻本。第 297 页的，是辽宁省图书馆申报的，满文本。书高 34.5 厘米，广 22.5 厘米。版框高 24.4 厘米，广 17.6 厘米。半叶八行，上下粗黑口，双黑对鱼尾，四周双边。该本才是真正的顺治十二年（1655）内府刻本。《第三批》中收录的是故宫博物院图书馆和天津图书馆申报的，满汉合璧本。未著录书高广。版框高 25.5 厘米，广 17.7 厘米，无直栏。半叶满、汉文相间各五行，白

---

① 中国国家图书馆、中国国家古籍保护中心编，国家图书馆出版社 2012 年版。
② 中国国家图书馆、中国国家古籍保护中心编，国家图书馆出版社 2010 年版。
③ 第 10 册第 296—297 页。
④ 第 8 册第 216 页。

口，单黑鱼尾，四周双边。笔者已请天津图书馆的李国庆、白丽蓉老师核对过天津馆申报的本子了，讳字与上文所述完全一样，应该也是个光绪间刻本。

在各家书目中，著录藏有该本的单位很多。如黄润华、屈六生先生主编的《全国满文图书资料联合目录》①（以下简称《联合目录》），就著录中国社会科学院民族研究所图书馆、民族文化宫图书馆（即今中国民族图书馆）、中国第一历史档案馆、张家口市图书馆、内蒙古自治区图书馆、内蒙古大学图书馆、内蒙古社会科学院图书馆、内蒙古师范大学图书馆、辽宁省图书馆、大连市图书馆十家单位有藏。吴元丰先生主编的《北京地区满文图书总目》②（以下简称《北京总目》）另著录故宫博物院图书馆、中国社会科学院民族与人类学研究所图书馆、中央民族大学图书馆、中国科学院图书馆四家有藏。富丽先生所编《世界满文文献目录》（初编）③（以下简称《世界目录》）还著录日本藏有此版本。有许多单位收藏该本还不止一部。我馆亦藏有此本，因混在未编古籍中，2010 年才发现，故在以上三书目中均未见著录。但以上诸家著录，绝大多数是错误的，也就是说以上诸家藏本，绝大多数并非顺治十二年（1655）内府刻本，而是光绪刻本。据笔者所知，只有我馆和辽图的藏本是真正的顺治十二年（1655）内府刻本。

陶湘先生所编《清代殿本书目》④（以下简称《陶目》）中，著录《御制劝善要言》有两个"殿本"，一个是顺治十二年（1655）刻本，一个是

---

① 书目文献出版社（今国家图书馆出版社）1991 年版，第 19 页，代号 0072。

② 《北京地区少数民族古籍目录丛书》之一，辽宁民族出版社 2008 年版，第 257 页。

③ 《中国民族古文字研究资料丛刊》之一，非正式出版物，中国民族古文字研究会 1983 年 10 月印刷，第 188 页。

④ 民国二十五年（1936）武进陶氏铅印本。

光绪十七年（1891）刻本。以这两个版本为祖本，《御制劝善要言》的所有满文刻本分成了两个系统，即"清初系统"（或称"顺治系统"）和"清末系统"（或称"光绪系统"）。两个系统版本的区别，除了行款版式、避讳字外，最直观的就是其文种形式。前者是满、汉文本，也就是全书分为上、下两册，满文一册，汉文一册；后者是满汉合璧本，共一册。单凭这一特点，我们甚至可以不看原书，即可非常准确地分辨出哪一个是真正的顺治十二年（1655）内府刻本，哪一个是"冒牌货"。另外，《陶目》中著录的后一个"殿本"，版刻年著录为光绪十七年（1891），其依据是光绪十七年（1891）上谕。

《减定书价》的版刻年为光绪十八年（1892），其中第一条即著录《御制劝善要言》，由此证明，《陶目》中关于《御制劝善要言》后一个"殿本"的版本年代的著录是非常可信的。同时也推知浙江官书局的翻刻本应刻于光绪十七年至十八年（1891—1892）之间，刻于十八年（1892）的可能性为大。

（发表于《天一阁文丛》第十一辑，浙江古籍出版社 2013 年版）

附记：

这是一本经我手编目的、很不起眼的小书。然而其中"蕴藏"着许多很有价值的出版信息。特别是通过对本书版本的鉴定，无意中为我研究的满文古籍《御制劝善要言》版本的确定提供了非常有力的佐证。

首都图书馆藏明嘉靖刻本《儒门事亲》考

　　《儒门事亲》是金代著名医家张从正所著的一部医书，是中医医学史上一部重要著作。此书在张氏去世后不久即行刊刻，并广为流布，直至新中国成立后还在不断刊印；甚至还漂洋过海，传至邻国日本和亚洲其他国家。

　　《儒门事亲》最早为三卷，后来的通行本为十五卷，乃张从正卒后，麻九畴、常用晦等人总其医说汇辑而成，并仍以"儒门事亲"总其名。嘉靖刻本是现存最早的十五卷本，也是后来通行各种版本的祖本，且流传较少，弥足珍贵。

　　首都图书馆藏有明嘉靖二十年（1541）刻本《儒门事亲》，全书十五卷，金张从正撰。书高26.2厘米，广17.4厘米；版框高20.2厘米，宽15厘米。每半叶十行，行二十字，小字双行，每行二十或二十一字不等。白口，四周单边。一函六册，分别题"桃""花""源""里""人""家"六字以别册次。书中有朱、蓝两色句读、圈点；另有佚名朱、墨笔批注，从笔迹上看，非出于一人之手。该版本《中国古籍善本书目》未著录。

　　《儒门事亲》是中医医学史上一部重要著作。张氏作是书，"盖以医家奥旨，非儒不能明；药品酒食，非孝不能备也"[①]，故以"儒门事亲"

[①]　该本卷首嘉靖辛丑（嘉靖二十年，1541）邵辅撰《重刊〈儒门事亲〉序》。

为名。

是书卷端题"戴人张子和著"。张子和（约 1156—1228）名从正，子和为其字，号戴人，睢州考城（今河南睢县、兰考一带）人。好读书赋诗，游学于著名经学家、诗人刘从益①之门。深厚的儒学功底，为其日后成为一代儒医打下了坚实的基础。精于医，贯穿《难经》《素问》之学，名擅中州。宣宗兴定年间（1217—1221）召补太医。寻告去，日与麻知几（名九畴）、常仲明（名用晦）游瀄水②之上，讲求医理。其学宗金代著名医学家、"金元四大家"③之一的刘完素④，用药多寒凉，以"汗""吐""下"三法最精，为"攻下派"的代表人物，亦位列"金元四大家"之一。著有《儒门事亲》《三复指迷》《子和心法》《张氏经验方》《秘传奇方》《汗吐下法》《治病撮要》《治法心要》等医著。又有《治法心要》，系常仲明采其遗说而成。《金史·方技传》中有传。《儒门事亲》"专为事亲者著"⑤，乃张氏以平日闻见及尝试之效撰成。《四库全书总目》提要云："其曰'儒门事亲'者，以为惟儒者能明其理，而事亲者当知医也。"是书原为三卷，记载了"七方十剂绳墨订"等医论三十篇。《儒门事亲》最初的刻本即为

① 刘从益（1179—1222），字云卿，一作虞卿，应州浑源人。出生于书香门第、仕宦之家，族人多由科第入仕。刘从益幼承家学，大安元年（1209）得中进士，累官监察御史。秉性耿直，因得罪当朝权贵而去职。起为叶县令，修学励俗，有古良吏之风。召授应奉翰林文字。旋卒，年四十有四。遂工经学。工诗，尤擅五言。著有《蓬门集》，惜未能传世。《金史》有传。

② 瀄水，潩水的古称，亦称大潩河，为北汝河之下游，俗称沙河。自河南许昌东南历鄢城、西华、商水诸县入于颍。

③ "金元四大家"，亦称"金元四家"，是指中国古代金、元时期的四大医学流派，其代表人物分别为：金人刘完素、张从正，金、元之间人李杲，元人朱震亨。

④ 刘完素（约 1120—1200），字宗真，自号通玄处士，河间（今属河北）人，人称"刘河间"。有文献称张从正"师从"刘完素，此说恐不确。刘完素与张从正是同时代人，刘氏年长张氏三十余岁。但二人只是医学观点相近，而并无师徒之缘。

⑤ 嘉靖辛丑（嘉靖二十年，1541）邵辅撰《重刊〈儒门事亲〉序》。

三卷本。张子和死后，麻知几、常仲明等人录其医说，辑成《直言治病百法》二卷、《十形三疗》三卷、《杂记九门》一卷、《撮要图》一卷、《治法杂论》一卷、《三法六门》一卷、《扁鹊华佗察声色定死生诀要》一卷、《世传神效名方》一卷，再加上刘完素的《刘河间先生三消论》一卷和《儒门事亲》三卷，共计十五卷，总其名为《儒门事亲》。这就是后来通行的十五卷本。本书各卷由诸篇论文汇编而成，全面总结了张氏主张用"攻法"的经验。其说远取《内经》和东汉张仲景的《伤寒论》，近受刘河间"火热论"及其治疗经验的影响，认为病之产生乃邪气所致，并非人体所固有，邪去则元气自复，此即为张氏所创"攻邪论"；病有"在上""在中""在下"之分，故攻邪之法有"汗""吐""下"之别；并总结了广义的"汗""吐""下"三法，同时记述了张氏应用"汗吐下"法的临床验案，丰富了中医治则理论。

"攻邪论"对后世中医学的发展产生了深远的影响，特别是为盛于明、清的"温病学派"开了先河，奠定了理论基础。"温病学派"形成于明末，吴县人吴有性为其创始人之一。吴氏在其代表作《温疫论》中指出：在温病的治疗上，首要达邪，强调下法。这与"攻邪论"强调"邪留则正伤，邪去则正安"的理论是一脉相承的，是"攻邪论"的余绪。

金、元之际，医生好用温补，张氏则力矫时弊，主用"攻法"，因而引起广泛争议，并受到以朱丹溪（名震亨）为首的传统医家的讥谤。张氏的医理学说，更是被当时的"主流医说"视为旁门左道而饱受攻讦。宣宗兴定年间（1217—1221），因医术高明，张氏曾被召补太医，但不久就辞职而去，这恐怕与"攻下派"和当时的"主流医派"观点相左，并受到排挤打击不无关系。翻阅《儒门事亲》我们就会发现，其中辨谤之处甚多，由此可以想见张氏当时"四面楚歌"式的困境，以及身处"孤势"

对学术的那种执着和坚守，颇有"八面受敌而为大家"①的气魄。

因《金史》无《艺文志》，故是书于清人倪灿撰、卢文弨录的《补辽金元史艺文志》中有著录。书目文献出版社（今国家图书馆出版社）1996年影印本《二十四史订补》中收录有佚名编著《金史艺文略》，著录此书为十五卷。商务印书馆1958年影印本《二十五史补编》中，有《辽金元艺文志补》，其中收录了清人龚显曾编著的《金艺文志补》，亦著录为十五卷。其小注云："《世善堂书目》《金志》《许州志》俱作十四卷。""考李濂《医史》，张从正传后附记曰：'《儒门事亲》十四卷，盖子和创之，麻知几润色之，常仲明又撴其遗为《治法心要》。'"因未详细著录子目，我们无从得知这十四卷的具体内容，笔者臆断应该是去掉了刘完素的《刘河间先生三消论》，因为这是十五卷中唯一的非张从正著作。黄丕烈撰《荛圃藏书题识》卷四著录有金刻本，为《太医张子和先生儒门事亲》三卷、《直言治病百法》二卷、《十形三疗》三卷、《撮要图》一卷附《扁华诀病机论》三卷、《六门方》一卷、《世传神效名方》一卷、《治法杂论》一卷，亦共十五卷。这是见诸著录的最早的三卷本。现存最早的三卷本，为北京大学图书馆所藏的蒙古中统三年（1262）刻本。其题名与《荛圃藏书题识》著录的金刻本同，即《太医张子和先生儒门事亲》。该本乃燕京大学图书馆旧藏，残存八卷，合刻者有《直言治病百法》二卷、《十形三疗》三卷。其实此本已具十五卷之雏形，因为全书是采用连续计卷的。《中国古籍善本书目》就著录此本为十五卷。而笔者之所以称其为现存最早的三卷本，是因为它尚未冠以"儒门事亲"的总名；且为残本，

---

① 李慈铭语。李慈铭（1830—1894），字爱伯，号莼客，晚年自署越缦老人，浙江会稽（今浙江绍兴）人。清末著名学者，于经史造诣极深，诗文尤负重名。在诗词创作上，主张"不名一家，不专一代"，提倡取各代、各家之长。其主张及诗词风格当时也遭到许多人的攻击，但他以"八面受敌而为大家"自嘲并自励，表现出一种"大师"的宏伟气魄。

卷首无总目录，不知全帙卷数几何；所存三种均各自有目录，镌于每种之首。黄丕烈在《荛圃藏书题识》中还提到此书有宋刻本，源于金刻本，应该是在南宋后期传入中原的。此宋本也应该是三卷本。首都图书馆所藏明嘉靖刻本，是见存最早的十五卷本，黄丕烈曾取此本与宋本对勘。《四库全书》所收此种，即以该版本为底本。此版本还是此后通行各版本的祖本，如周中孚撰《郑堂读书记》卷四十二中著录的明万历二十九年（1601）吴勉学校刻《古今医统正脉全书》本；耿文光撰《万卷精华楼藏书记》卷八十中著录的明步月楼刻《古今医统正脉全书》单行本等等。此书还传到了日本，亦曾多次刊刻，可见该书影响之大。1961 年出版的《中医图书联合目录》①中，著录有该书现存的各种版本达二十二个之多；1991 年出版的《全国中医图书联合目录》②中也著录了该书的二十个版本。张氏之学虽为金、元之际的官方正统医派所不容，但《儒门事亲》在其死后的当朝即有刻本。他的医说也并未因"非主流"而被官方"剿灭""扼杀"，而是通过此书的传刻流布影响至今。由此不难看出，张从正的医术、医说，在民间应该是具有相当大的影响力的。

《儒门事亲》是张从正死后刊刻的，而这部书得以流传至今，就不能不提到四个人，即麻九畴、常用晦、常德、赵君玉。

元代刘祁所著《归潜志》③卷二中有麻九畴传，称麻氏"字知几，初名文纯，易州人。幼颖悟，善草书，能诗，号'神童'"。《金史》④卷一百二十六列传第六十四文艺下亦有传，中云："弱冠入太学，有文名。南渡后，寓居郾、蔡间，入遂平西山，始以古学自力。博通《五经》，于

---

① 中华人民共和国卫生部中医研究院、北京图书馆合编，北京图书馆，1961 年，第 516 页。
② 薛清录主编，中国中医研究院图书馆编，中医古籍出版社 1991 年版，第 317 页。
③ 《文渊阁四库全书》，台湾"商务印书馆"1983 年版。
④ 《文渊阁四库全书》，台湾"商务印书馆"1983 年版。

《易》《春秋》为尤长。兴定（1217—1221）末，试开封府，词赋第二，经义第一。再试南省，复然。声誉大振，虽妇人小儿皆知其名。及廷试，以误绌，士论惜之。已而隐居，不为科举计。正大（1224—1231）初……平章政事侯挚、翰林学士赵秉文连章荐之，特赐卢亚榜进士第。以病未拜官，告归。再授太常寺太祝，权博士，俄迁应奉翰林文字。九畴性资野逸，高褰自便，与人交，一语不相入则径去不返，顾自度终不能与世合，顷之，复谢病去，居郾城。天兴元年（1232），大元兵入河南，絜家走确山，为兵士所得，驱至广平，病死，年五十①。九畴初因经义学易，后喜邵尧夫《皇极书》，因学算数，又喜卜筮、射覆之术。晚更喜医，与名医张子和游，尽得其学，且为润色其所著书。为文精审奇健，诗尤工致。"麻九畴晚年结识张从正以后，对张氏的医术、医理很是信服，家人、亲属有病便请张从正诊治。《十形三疗》载有张氏为麻氏妻、兄诊病的医案；《十形三疗·疱后呕吐》是他试用张从正治法的验案；现行本《儒门事亲》中"水解"为他所作；《治病百法》中多符咒之类，抑或也出自他手。《四库总目提要》云"知几为麻革之字"，误。麻革字信之，虞乡人。工诗，与医无涉，生活年代稍晚于麻知几。显然，《四库提要》是张冠李戴了。

常用晦字仲明，先世为山西雁门郡崞县（今山西浑源县西）人，曾祖移居今河北平山县。金元之际著名文学家、诗人元好问所撰《遗山先生文集》②卷二十四有《正定府学教授常君墓铭》云："元光癸未（元光二年，1223），予过郾城见麻征君知几，问所周旋者，知几以镇人常仲明、中山赵君玉对……北渡后来镇阳，仲明在焉……辛亥（元宪宗元年，1251）九月，自太原东来，过仲明之门，而仲明之下世十许日矣。"常用

---

① 据此推算，麻九畴应生于1183年，即麻九畴（1183—1232）。
② 《四部丛刊》本。

晦"自少日有声场屋间，游梁之后，交文士益众。赋业外，他书亦能研究。国医张子和推明岐黄之学，为说累数十万言，求知几为之润文，君颇能探微旨。亲识间有谒医者，助发药，多所全济，病家赖焉。不幸遭疾，临终二三日，执笔纪先世事迹垂示来裔，饮酒谈笑，与家人诀，怡然而逝，春秋七十有四，实辛亥九月十九日也。"①《十形三疗》载有张从正为常仲明及其妻、子治病的多条医案。《儒门事亲》中"补论"为他所作，参与了张从正医论、医案的整理与保存。

常德乃常仲明之子，年少时从张从正游，曾直接聆听过张氏的教诲。入元后曾官彰德府（今河南安阳）宣课使和漕司，保存并建议忽必烈刻印张从正部分著作，见本馆藏蒙古中统三年（1262）刻本《儒门事亲》高鸣序。另编有《张子和心镜别集》（又名《伤寒心境》）一书。《四库全书总目》云"常仲明者，其即德欤"，同样是犯了张冠李戴的错误。

据上文所引《遗山先生文集·正定府学教授常君墓铭》云，赵君玉中山人。《十形三疗》称赵氏为"安喜人"，实均指今河北定州。曾官省掾②。《十形三疗》中载有张从正为赵君玉妻诊病的医案，也有赵氏依张氏之法自医的医案。

综上所述，以上四人对保存、整理、丰富、传播、刊刻张从正的遗著、遗说各具其功，特别是对通行的十五卷本《儒门事亲》的传刻流布居功至伟。很多文献称此四人为张从正的学生、弟子，笔者以为此说法并不准确。麻九畴、常用晦和赵君玉基本属于与张从正同时代的晚辈，在医学理论和实践经验上，都已步入非常成熟的中年阶段。且三人与张从正结识时，张氏已进入生命中的最后几年了。更重要的是，包括常德

---

① 据此推算，常用晦应生于 1178 年，即常用晦（1178—1251）。

② 中书各省的佐治官员。

在内，此四人均非以行医为主业之人。而三人与张氏的密切交往，其基础在于对张氏医理、医说的高度认同感。从这一点来说，四人间的关系更像是志同道合的"同道"；用现在的话说，三人都是张从正的"铁杆粉丝"。诚然，在交往的过程中，一方虚心讨教，另一方悉心传授，但这恐怕也仅限于有教学之实，而无真正的师徒名分。《常君墓铭》中所云"求知几为之润文"，或可说明他们之间的关系。而在年龄上与张从正又相差了一代人的"小字辈"常德，虽年少时在张氏身边接受张氏的耳提面命，但亦未闻有真正的师徒名分。因此，此四人与张从正是一种亦师亦友的关系。河北医科大学的董尚朴、李会敏先生对《儒门事亲》及其相关人物研究颇深，曾撰文《张子和学术传人考》。笔者以为"学术传人"这个提法还是非常贴切的。

该本卷首有嘉靖辛丑（嘉靖二十年，1541）三月戊子复元道人邵辅撰《重刊〈儒门事亲〉序》，中云："近得是书，如获宝璐，执是以证，何虑臆说之能惑！惜其板久失，传本多亥豕之讹，因付儒医闻忠，较订锓梓，与世之事亲者共云。"又书后有嘉靖十九年（1540）钱塘闻忠撰《〈儒门事亲〉后序》，中云："邵君柏厓（邵辅号柏厓），以玉牒之亲，存心于天下后世，以是书命愚校之，寿诸梓，以广其传，功岂在《抱朴子》下哉！"是书刊刻时间及校刻者明矣。刻书者邵辅，字元文，号柏厓，亦作柏崖、伯崖，自号三一居士、复元道人，明嘉靖间浙江钱塘人。曾任锦衣卫指挥佥事。嘉靖间还刻印过晋代许逊的《旌阳石函记》一卷（八行十八字）。校勘者闻忠生平事迹不详，据本书序跋知其为嘉靖间儒医，亦钱塘人，故推测此书即刻于钱塘。再观此书之版刻风格，为典型的明嘉靖间刻本：字体为横轻竖重、方方正正的仿宋体；行格疏朗，白口，颇有宋版遗韵。惟纸张非明本常用的色白质韧的白绵纸，而是色黄薄脆的竹纸（有衬纸）；且"校""玄""眩"等字皆不讳。卷三第十六叶版心下镌"介石斋"三字，应为补版。有墨钉，书版亦有破损，缺字或字迹模糊处均用墨笔描补，故疑为明末后印本。该本流传较少，据1961年出版的《中医图书联合目录》著录，除了首都图书馆，还有北京医学院图书馆、北京中医学校（原名北京中医进修学校）图书馆、青岛市图书馆（残本）、沈阳医学院图书馆（清代后印）、上海市图书馆、中华医学会上海分会图书馆、苏州市图书馆、四川省图书馆共九家单位有藏。

首都图书馆藏本函套题签有墨笔题："儒门事亲，明刻本，地山堂藏，一函六册"，并钤有"三十六鉴斋"阳文朱印。首册书衣及目录端均钤有"大城刘氏地山堂世传必读书"阳文朱印①。笔者谫陋，未检得"三十六鉴斋主人"及"地山堂主人大城刘氏"的姓名，但从函套题签既有墨笔题"地山堂藏"，又钤有"三十六鉴斋"朱印；且书中凡钤有"大城刘氏地山堂世传必读书"朱印处，又均不见钤"三十六鉴斋"印推断，"三十六鉴斋主人"和"地山堂主人"很有可能是同一个人，亦即大城刘氏。首图所藏另一部古代医书——《注解伤寒论》十卷，图一卷②中，亦钤有"三十六鉴斋""大城刘氏地山堂世传必读书"二阳文朱印，看来大城刘氏喜收医书。2012年9月10日的《藏书报》上，刊登了河北南皮藏书家史兰田的文章③，其中提到民国版《南皮县志》的总纂刘树鑫时，说刘氏著有《地山草堂诗文集》六卷。刘树鑫（1861—1943），号贡三，直隶南皮高庄子村人。光绪十七年（1891）举人，授外务部榷算司主事。曾参与分纂《沧县志》，总纂《南皮县志》。日本侵占华北后，刘树鑫多次

---

① 上海国际商品拍卖有限公司2008年春季艺术品拍卖会上有一件拍品：（清）谢元淮撰，清道光间刻朱墨套印本《碎金词谱》六卷，附录一卷，《碎金词》一卷，书中亦钤有此印。

② （金）成无己撰；（明）吴勉学阅；（明）徐镕校，明万历二十九年（1601）吴勉学校刻《古今医统正脉全书》本。

③ 《民国版〈南皮县志〉谈略》，《藏书报》2012年9月10日第2版"地方文献"专栏。

撰文谴责日军暴行，并屡拒时任伪天津市市长的女婿潘毓桂的邀请，保持了民族气节。为应付日伪军的横征暴敛，将自家土地卖掉三十余亩，替村民摊征。刘树鑫因此而遭到日伪军的迫害。1943 年病逝。不知刘树鑫及其地山草堂与"大城刘氏地山堂"有无瓜葛。

参考文献：

［1］董尚朴，张暖，李会敏撰《张子和学术传人考》，《天津中医药》2004 年 8 月第 21 卷第 4 期，第 296—297 页。

［2］李会敏，董尚朴撰《常仲明父子与〈儒门事亲〉》，《浙江中医杂志》2002 年第 8 期，第 348—349 页。

（发表于《中国典籍与文化》2013 年第 2 期）

附记：

此文原为我 2008 年参加由国家古籍保护中心举办的古籍编目培训班时的一篇实习作业。随机选取一种古籍善本，写一篇一千五百字的提要。2013 年，文献会年会在豫北名城新乡召开，由河南师范大学承办。因为《儒门事亲》的作者张从正是河南人，所以在原来作业的基础上做了进一步的考证写成此文，作为新乡年会的参会论文。会后投到《中国典籍与文化》发表。在《中国典籍与文化》上发表文章已不是第一次了，前几次发表时，该刊还是个知识性、普及性的刊物，不知不觉间现在已是核心期刊了。《中国典籍与文化》见证了我的成长，也和我一起成长！

也谈《梦粱录》的作者及其成书时间

　　《梦粱录》二十卷，宋吴自牧著，是一部笔记体的杂记，记述了南宋都城临安（今属浙江杭州）的历史和盛时风貌。内容涉及节令、礼俗、道路、桥梁、庙观、坊巷、官署、馆驿、山水、舟船、市镇、钱会、团行、祠堂、学校、贡院、墓葬、商肆店铺、人物、科举、民俗、户口、物产、赋税、民政、园囿、房舍、嫁娶、育儿、妓乐、百戏等方方面面，可谓包罗万象，堪称有关南宋都城临安的一部百科全书。此外，还记载了很多典章制度。据《四库全书总目》提要①（以下简称《四库》提要）云，该书体例仿照宋孟元老所著《东京梦华录》，所纪之事"委曲琐屑，无不备载。然详于叙述，而拙于文采。俚词俗字，展笺纷如，又出《梦华录》之下"。且所载均系亲见、亲闻，颇为质实，"与《武林旧事》详略互见"，实可资以稽考。此书在乾隆年间被收入《四库全书》。

　　该书卷首有自序，末署"甲戌岁中秋日钱唐吴自牧书"。此书的许多重要信息，诸如有关作者的爵里生平，以及本书的成书年代等等，均由此线索得来。而作者的生平事迹与本书的成书年代又是紧密相关的。

---

　　① 卷七十《史部地理类三》。

关于《梦粱录》的作者吴自牧，历来都是遵从《四库》提要的说法，即"自牧，钱塘人，仕履未详"。是所谓"钱塘说"。钱塘亦作钱唐，今属浙江省杭州市。该说影响既深且远，此后诸如宋慈抱所著《两浙著述考》①等文献，论及该书作者时，多转引《四库》提要。检《宋史》《元史》《钱唐县志》《杭州府志》《浙江通志》，均无吴自牧传。仅有清龚嘉儁修《杭州府志·艺文志》中，著录有"宋钱塘吴自牧撰"《梦粱录》二十卷。直到1985年，前福州市林则徐纪念馆副馆长官桂铨先生，在查阅明代著名藏书家徐𤊿编著的《红雨楼书目》时发现"新线索"。该目卷四集部家集类中著录有："《新安吴氏倡于篇》一卷。唐吴少微、吴巩、宋吴自牧、自中。"官先生据此断定：《梦粱录》的作者吴自牧原籍新安（今属安徽省歙县），为唐代文学家吴少微的后裔。后迁居钱唐，遂自署为"钱唐吴自牧"。"有弟名吴自中，亦能文。吴自牧、吴自中及其远祖吴少微、吴巩的著作均收入其'家集'——《新安吴氏倡于篇》中。徐𤊿藏书散于清初，今福建省图书馆等还有其藏书不少，《倡于篇》未见传本，当早已散佚。"②如此便有了"新安说"。这篇仅有六百余字的豆腐块儿文章一出，立时在《梦粱录》的研究中激起了轩然大波。蒋元卿先生编著的《皖人书录》③、李裕民先生所著《四库提要订误》（增订本）④均采此说。《皖人书录》云："吴自牧［宋］字益谦，歙县人。嘉定中领乡荐。家居讲学，执经问难者数百人。"而李裕民先生所著《四库提要订误》（增订本）中，几乎是全文参引了"官文"的结论。笔者在撰写《中华再造善本》（续编）《梦粱录》的提要时看到此说，更是如获至宝，对官先生的"重大发现"

---

① 慈抱原著，项士元审定，浙江人民出版社1985年版，下册第1100页。
② 官桂铨撰《吴自牧小考》，发表于《学术研究》1985年第2期，第52页，
③ 黄山书社1989年版，第363页。
④ 中华书局2005年版，第137—139页。

怀有由衷的感佩。其实，关于《梦粱录》的作者，在"钱塘说"和"新安说"之前，还有一个"不著名氏说"。清初学者王士禛，在其所著《渔洋文略》中提及《梦粱录》时说："《梦粱录》二十卷，不著名氏。"《梦粱录》问世之后，因为"政治原因"，一直是以抄本的形式传世，直到"四库本"之后才有了刻本。四库馆臣推断：王渔洋之所以说此书作者不详，是因为他所见抄本的卷首脱吴自牧自序。

笔者查阅了清靳治荆、吴苑等纂修，清康熙间刻本《歙县志》。在卷九人物志中，笔者查到了"吴自牧小传"，传云："吴自牧字益谦，（歙县）溪南人。尝取乡荐，三上春官不利。退讲究问辨，自信其所得，作讲义、史评、杂著数百篇。执经来学，岁百余人。"《徽州府志》《宋元学案补遗》中均有传。

关于吴自牧的生活时代，绝大多数书目均著录其为宋人，不知其中是否寄托了作者的"故国情怀"？实际上学界对吴自牧生活时代的看法，并不像书目中著录的那般一致。究其异说的根源，皆由对《梦粱录》卷首自序末所署"甲戌岁"的不同解读而生。不同的说法有三种：

一、"咸淳说"。认为"甲戌岁"为南宋度宗咸淳十年（1274），亦即吴自牧为宋末元初人。其依据是内容中已出现宋度宗"咸淳"（1265—1274）年号：卷十七"文武状元表"、卷十八"免本州岁纳及苗税"两篇中，均记有咸淳七年（1271）事，此为书中出现的最晚纪年。另外就是《梦粱录》卷首自序有云："时异事殊"，"缅怀往事，殆犹梦也，名曰《梦粱录》"，认为作者所寄为亡国情怀，由此推断署年"甲戌"为宋度宗咸淳十年（1274），故意自牧为宋末元初人。四库馆臣也认同此说，但对"甲戌岁"提出质疑：《梦粱录》既是作者寄托亡国之痛之作，那么宋度宗咸淳十年（甲戌年，1274）时，南宋政权尚存①，甚至连临安城也还安然无恙，故疑"甲戌"二字传抄有误。

二、"嘉定说"。认为"甲戌岁"为南宋宁宗嘉定七年（1214），亦即吴自牧为南宋中后期时人。此派观点源自"新安说"。检明人程敏政撰辑的《新安文献志》，卷八十七第二十一叶有南宋嘉定四年（1211）进士、新安人吕午所撰《吴益谦（自牧）墓志铭》②，其中明确记载吴自牧卒于南宋理宗嘉熙丁酉（元年，1237）四月二十日，享年七十有七。据此推算，其生年应为南宋高宗绍兴三十一年（1161）。

三、"元统说"。认为"甲戌岁"为元惠宗（顺帝）元统二年（1334），亦即吴自牧为元代中后期人。此派更是坚执《梦粱录》乃寄托作者亡国情怀之作，而南宋灭亡后第一个"甲戌年"就是元统二年（1334）。

成书年代与作者的生活时代是密切相关的。从《梦粱录》卷首自序中可知，此书的成书年代即"甲戌岁"，或此前不久，那么此问题可与作者的生活时代一并考察。前文已述，关于《梦粱录》作者爵里、生活时代，以及该书的成书年代，均是依据该书卷首自序末的作者自署推断而来。一个"甲戌岁"就生出如此多的不同说法，究竟孰是孰非，我们还是应该结合本书的内容来做出判断，毕竟其内涵要比自署这短短十二个字丰富得多。

《梦粱录》是记述南宋都城临安的历史和盛时风貌的一部笔记体的杂记，且书中卷十七"文武状元表"、卷十八"免本州岁纳及苗税"两篇中，均记有咸淳七年（1271）事。而《吴益谦（自牧）墓志铭》中明确记载吴自牧卒于嘉熙元年（1237），怎么可能在死后三十多年写出《梦粱录》呢？仅凭此一点，"新安说"就很值得怀疑。与此相关联的，"嘉定

---

① 1279 年南宋灭亡。

② 《（景印）文渊阁四库全书》第 1376 册，台北"商务印书馆"1986 年版。

说"的成书年代以及《梦粱录》作者的生活时代也很不可靠。笔者又查检了《新安文献志》，其中对《梦粱录》竟只字未提。《歙县志》《徽州府志》《宋元学案补遗》等文献的吴自牧传中亦如此。由此，我们不难得出以下结论：

1. "新安吴自牧"并非《梦粱录》作者。

2. "新安吴自牧"与"钱唐吴自牧"是南宋中后期同名同姓的两个人。官桂铨先生显然是未辨其真伪而犯了张冠李戴的错误。而李裕民先生亦未加详考，直接转引了官先生的错误结论，其"订误"实为"误订"。

3. "钱唐吴自牧"才是《梦粱录》真正的作者，生活时代比"新安吴自牧"晚"一世"①左右。

4. 关于《梦粱录》作者的"新安说"，以及《梦粱录》成书年代的"嘉定说"都是错误的。

李裕民先生对《梦粱录》作者虽有误订，但他对《梦粱录》成书年代的考证却十分精到：

"考卷一八曰：'杭城今为都会之地。'其下记唐至宋咸淳户口增长数，末曰'自今而往，则岁润月长，殆未易以算数也。'显然，这是本朝人记本朝事的口气。又卷一七'状元表'记宋代历科状元，最晚为咸淳七年（1271）状元张镇孙，而未记咸淳十年（1274）九月二十六日状元王龙泽（见《宋史》卷四七《瀛国公纪》），说明书必作于王龙泽中状元之前。卷八景灵宫、御前宫观条出现'度庙''度宗'的称呼。考宋度宗于咸淳十年七月初九日驾崩，八月初六日定庙号为度宗，是书之作必在其后。即此书应作于咸淳十年八月初六日至九月二十五日之间。自序作于十年八

---

① 三十年为"一世"。

月中秋，正与此吻合。"①

只可惜李裕民先生未注意到《新安文献志》中的《吴益谦（自牧）墓志铭》，由此造成了对《梦粱录》考订的前后矛盾：作者错误，成书年代正确。

现在我们再来看看"元统说"。元统二年为公元 1334 年，距咸淳十年（1274）已过了整整一个甲子。如果此说成立，那作者吴自牧应该是个长寿之人，其时最起码也是耄耋之年了。这种可能性不是不存在，但实在是太小了。既是成于元统间，那如李裕民先生所言，为何卷十七"文武状元表"中不载咸淳十年（1274）的状元王龙泽呢？《梦粱录》既是追记临安盛时风物的感怀之作，那么这种情绪应该在亡国前后是最为强烈的。元统二年（1334）已是元朝中后期，作者为何在新朝已过大半时才兴此亡国之叹呢？岂不令人费解！总之，"元统说"无论于情于理，均难以成立。

笔者非常认同李裕民先生关于《梦粱录》成书年代的考证结论。四库馆臣仅凭自序所言"时异事殊"，"缅怀往事，殆犹梦也"，即认为作者隐言亡国之痛，乃南宋亡国后之作，进而怀疑"甲戌"二字传抄有误，笔者以为实在是太过"敏感"了。所谓"时异事殊"，"缅怀往事，殆犹梦也"，其实说明不了太多问题，但被"政治神经"敏锐的四库馆臣无限放大了。《梦粱录》成书时，南宋政权并未灭亡，临安城也还安全，作者似无必要出言如此谨慎、隐晦。

行文至此，笔者认为：关于《梦粱录》所谓作者爵里、生活时代，以及该书成书年代诸说的纷攘之争可以休矣！《梦粱录》的作者吴自牧为钱唐人，宋末元初人，字号及生平事迹不详。该书成于南宋度宗咸淳

---

① 李裕民著《四库提要订误》（增订本），第 138—139 页。

十年（1274）。

《梦粱录》成于南宋风雨飘摇、大厦将倾之际。成书后不到两年，即
1276年，南宋都城临安陷落，宋室南迁，故此书未及刊刻。元朝统一全
国后，又因该书内容为记前朝都城之盛，恐亦未敢刊行，而靠传抄流布，
故乾嘉之前未见刻本传世。此书现存最早的版本，为国家图书馆所藏明
抄本、中山图书馆藏清初徐釚（1636—1708）抄本和复旦大学图书馆藏
清初抄本（有朱锡庚跋）。

《中华再造善本》（续编）收录该书，所据底本为我馆所藏无格抄本。
书高26.6厘米，宽17.8厘米。每半叶十行，行二十字。书中清讳皆不避，
故定为清初抄本。且书中钤有朱筠（1729—1781）藏印，亦可作为佐证。
该本字迹隽秀、工整，非常精美。文中有多处空白，意为该书历经数百年
传抄，已有多处脱文。以"四库本"与我馆清初抄本相较，发现我馆藏本
脱文处，"四库本"亦缺；我馆藏本不缺者，"四库本"亦有缺者。可见我
馆藏本较"四库本"底本为佳、为全。"四库本"之后，该书开始有刊本
行世，且多为丛书本，如《知不足斋丛书》本、《学津讨原》本、《学海类编》
本、《武林掌故丛编》本、《笔记小说大观》本、《丛书集成初编》本。

我馆所藏清初抄本，为近代著名藏书家李盛铎旧藏，书中钤有"麐
嘉馆印"。另钤有"东汉传经之家""大兴朱氏竹君藏书之印"两印，后
者是乾隆时期著名文献学家、藏书家、学者朱筠的藏章。

（发表于《天一阁文丛》第十二辑，浙江古籍出版社2014年版）

附记：

该文是我参与《中华再造善本续编提要》撰写工作的"附产品"。因

为提要字数的限制，有些问题的讨论难以展开，也无法表述清楚和完整，所以另成此文。与天一阁交往多年，一直是《天一阁文丛》的支持者。选择写吴自牧这个人物及其作品，是因为吴氏是浙江人，扣题。

冒广生与镇江

李雄飞　顾千岳

冒广生是我国近现代著名学者、诗人。其家世显赫，是元世祖忽必烈第九子、镇南王脱欢（驻扬州）后裔，著名的"明季四公子"之一冒襄（字辟疆）裔孙。

冒广生小名阿灵，字鹤亭（一作鹤汀），号疚斋、疚翁、小三吾亭长，晚号水绘庵老人，江苏如皋人。冒广生"早慧有声"[①]，四岁[②]即遵祖父[③]之命入塾开蒙，是塾中年最幼者。七岁即能作诗属对，被七伯外祖周星誉[④]称为"神童"。光绪十六年（1890）三月应县试，名列第一；秋应州试，再列第一，补博士弟子员；次年（光绪十七年，1891）四月院试，又拔魁首，举茂才。未及弱冠即得中"小三元"[⑤]，冒广生声名鹊起。光绪二十

---

① 陈衍撰《石遗室诗话》卷四。

② 清光绪二年（1876），时周岁三岁。

③ 名保泰，原名浚，字文川，号小兰。

④ 周星誉（1826—1884），清代著名文人、画家。字叔云，又字昀叔，河南祥符人，祖籍浙江山阴（即今绍兴）。冒广生外祖父周星诒之七兄，道光三十年（1850）进士，官至两广盐运使。陈玉堂编著的《中国近现代人物名号大辞典》第604页，将周氏兄弟误作浙江山阴人，祖籍河南祥符，正好颠倒了。

⑤ 清代考秀才要经过县、府、院三级考试，三试皆魁者称"小三元"。

年（1894），中甲午科江南乡试举人，列第一百三十六名①。其试帖诗获阅卷官王庆埏赞赏，并推荐给主考官冯文蔚。冯主考给予"诗冠通场"的高度评价。冒广生不仅因文字而成就了功名，还成就了自己的姻缘。副主考官黄绍第爱其才，发榜后，托王庆埏做媒，以女妻之。这段"文字姻缘"一时被传为美谈②。光绪二十一年（1895），冒广生北上京师，参加会试。其间，康有为发动"公车上书"，列名者凡千余人，冒广生亦列名其中。清末光、宣两朝历任刑部、农工商部郎中。民国后，历任财政部顾问、瓯海关监督兼温州交涉员、镇江关监督兼镇江交涉员、淮安关监督、中山大学教授等职。新中国成立后任上海文管会顾问、上海文史馆馆员。1959年病逝于上海。

　　冒广生身历晚清、民国和新中国三个历史时期，是我国近现代文化史上的著名人物，一代国学大师。对于冒氏的博雅淹通，当代国学大师钱仲联先生曾有如下评价："（疚斋先生）一代学人，传伯外祖周畇叔③、外祖周季贶④两先生之法乳，读其煌煌巨著《管子校笺》《后山诗注补笺》而可以知之。一代诗词名家，才华盖世，风格高华，今之朱竹垞⑤、陈迦陵⑥也，读其《小三吾亭诗集》《词集》而可以知之。又复熟谙掌故，如数家珍；交游之广，暨海内外，杖履所及，有如东坡所云'身行万里半

---

① 陈玉堂编著《中国近现代人物名号大辞典》，浙江古籍出版社1993年版，第666页。

② 冒怀苏编著《冒鹤亭先生年谱》，学林出版社1998年版，第56—57页。

③ 即周星誉。

④ 周星诒（1833—1904），周星誉之弟，字季贶，河南祥符人，祖籍浙江山阴（即今绍兴）。清代著名学者，工诗。喜收藏，为清代著名收藏家。藏书甚富，精于校勘和版本目录之学。

⑤ 朱彝尊（1629—1709），字锡鬯，号竹垞，浙江秀水（今嘉兴）人。清初著名文学家、藏书家。

⑥ 陈维崧（1625—1682），字其年，号迦陵，宜兴（今属江苏）人。"明季四公子"之一陈贞慧之子，清初著名文学家、史学家。

天下'者。"① 冒广生一生著述宏富，著有《京氏易三种》《大戴礼义证》《管子集注长编》《蒙古源流年表》《吐蕃世系表》《四声钩沉》等。编有《冒氏丛书》《楚州丛书》《永嘉诗人祠堂丛刻》《永嘉高僧碑传集》等②。

据《冒鹤亭先生年谱》③所载："先生（冒广生）生于广州都府街游氏秀文堂，"④其名因此而得。1995年出版的《如皋县志》⑤卷二十一"人物卷"中有《冒广生传》，中云："（冒广生）生于广东潮州。"⑥显然是错误的。

关于冒广生先生的字号，文献记载颇为混乱。如光绪刻本《光绪二十年甲午科江南乡试同年齿录》中云："冒广生，号鹤亭，一号同生。"陈玉堂编著的《中国近现代人物名号大辞典》，云冒氏"字瓯隐，号鹤亭"。1995年出版的《如皋县志》云："字鹤亭，号鸥隐。"冒景璠⑦所撰《冒鹤亭先生传略》中云："冒广生字鹤亭，江苏如皋人，光绪甲午科（一八九四）举人。"⑧《冒鹤亭先生年谱》中云："名广生，字鹤亭，又字钝宧。钝宧二字至民国后不常用，始号疚斋。"⑨据先生所撰《重刻〈朴巢诗文选〉跋》中记述："而生之前一夕，先大父（即文川）见檐际有巨足，是夜复梦有峨冠博带者自外至，醒而异之，故名余曰'阿灵'，而字余曰'同生'。"而字"同生"的原因，是因为冒广生的生日恰好与其先

---

① 钱仲联为《冒鹤亭先生年谱》所撰序。

② 详见《冒鹤亭先生年谱》附录一《冒鹤亭先生著作目录》。

③ 冒怀苏编著，学林出版社1998年版。冒怀苏为冒广生第三孙。

④ 第33页。

⑤ 江苏省如皋市地方志编纂委员会编纂，香港新亚洲出版社有限公司1995年版。

⑥ 第786页。

⑦ 冒广生先生第三子。关于景璠先生的名、字、号，文献中多作"名景璠，字效鲁，一作孝鲁"。据孝鲁先生弟子、中国历史文献研究会副会长诸伟奇先生讲：孝鲁先生原名景璠，又名孝鲁，字叔子。这是叔子先生夫人贺翘华女士亲笔写的，也是先生讣告里的话。

⑧ 《冒鹤亭先生年谱》第1页。

⑨ 《冒鹤亭先生年谱》第33页。

祖冒襄同日。《冒鹤亭先生传略》中又云："我父冒鹤亭生于同治十二年（一八七三）阴历三月十五日，恰好与冒辟疆同一天生日。"① 冒广生本人及其子孙的记述当然应该是准确的。

　　至于"瓯隐""疚斋"两"号"，其由来是这样的：民国元年（1912）"十二月，农工商部右丞袁云台（名克定）② 推荐先生赴温州任浙江省瓯海关监督兼温州交涉员"③，"（民国二年，1913）正月，先生赴温州任所"④，"是年（民国三年，1914），先生在处理公事之余，因关署旧为温州总兵衙门，荒废殆甚，先生节衣缩食，先后用三千余金，'未请一帑'，修葺园林，园中楼台花木，则尤煞费苦心。署在偏筑园，颜其园曰'瓯隐园'，以见终焉之志。楼台又书其斋曰：'疚斋'。于是先生作《疚斋记》，记云：'柳子厚⑤ 谪永州，以愚名溪，曰以余故以愚辱焉。溪之外，若邱、若泉、若沟、若池、若堂、若亭、若岛，莫不辱而愚之也。余来温州，颜其斋曰：疚斋。夫斋则何书疚哉？以余之疚，而辱余斋以疚之名，余盖悯兹斋之遭也。斋前有松、有柏、有桂，其左有石、有泉；其上有楼，夏宜当风，以披其襟；冬宜听雪，自余居是斋，而斋后冬青树。产芝凡三，大者如笠，小者如盘如盌。芝上有丹砂，近土皆赤，风过若伽楠、若兰、若西番黄熟。氤氲郁勃，静参鼻气，见者以为祥。然则余之疚而兹斋，固未尝疚也。'"⑥ "瓯"为温州别称，因为瓯江在此注入东海而得名。"瓯隐"本为园名，取意隐于瓯而终焉。在冒广生子孙的记述中，并未提及冒广生以

---

① 《冒鹤亭先生年谱》第 2 页。

② 袁世凯长子。

③ 《冒鹤亭先生年谱》第 178 页。

④ 《冒鹤亭先生年谱》第 181 页。

⑤ 柳宗元，字子厚。

⑥ 《冒鹤亭先生年谱》第 184—185 页。

此为号。1995 年版《如皋县志》中的"号鸥隐",这个"鸥"显然是错的。而"疢斋"本为冒广生书斋名,在《冒鹤亭先生年谱》中,确实提到冒氏以此为号了。

关于冒广生的生卒年,文献中大多作生于 1873 年(同治十二年),卒于 1959 年。上文提到,《冒鹤亭先生传略》中云:"我父冒鹤亭生于同治十二年(一八七三)阴历三月十五日,恰好与冒辟疆同一天生日。"又云:"一九五九年八月,父亲以八十七高龄在上海逝世。"①《冒鹤亭先生年谱》中云:一八七三年(清同治十二年,癸酉)"农历三月十五日,先生(冒广生)生于广州都府街游氏秀文堂。"②即冒广生生于公历 1873 年 4 月 11 日。《年谱》又云:"(一九五九年)八月十日晨,王福厂③来寓所视先生疾,先生犹能与王晤谈,不意才隔时许,先生终至弃世长逝。"④北京大学图书馆藏有《易顺鼎藏兰谱四种》(题名笔者自拟),其中包括冒广生兰谱,是冒广生与易顺鼎⑤订交时的凭证原件。

"兰谱"是"金兰谱"的简称,是旧时结拜盟兄弟时互相交换的谱帖。古人称结拜盟兄弟为"义结金兰",其典出自《周易·系辞上》:"二人同心,其利断金;同心之言,其臭(xiù)如兰。"古人以断金截铁的利器,来形容兄弟同心,其力无坚不摧;以兰味之香,来形容情投意合。所谓"金兰之交",即喻以牢固而融洽的友情。"兰谱"一般由谱主亲笔题写,使用颜色热烈、庄重的红纸,装帧成经折装,大小规格基本一致,差不

① 《冒鹤亭先生年谱》第 15 页。
② 《冒鹤亭先生年谱》第 33 页。
③ 王褆(1879—1960),字维季,号福厂("厂",同"庵"),浙江仁和(今杭州)人。近现代著名书法家、篆刻家。
④ 第 603 页。
⑤ 易顺鼎(1858—1920)是清末民初政坛风云一时的人物、著名诗人。字实甫,一字仲硕,自署忏绮斋,又自号眉伽,晚署哭庵,湖南龙阳(今汉寿)城关镇人。

多是奏折的三分之二大。谱首或题"兰谱"二字，或题"金石同坚""金石齐寿"之类的结盟誓言。谱中首题谱主姓名、字号、行第、生辰、籍贯、功名、历官等个人履历。之后列出上至谱主曾祖，下至谱主子孙的五至六代世系，其中包括谱主同辈的兄弟姊妹和妻妾，以及姊妹适嫁，妻妾所出等。最后是谱主本人落款，题曰"如小（胞）弟（兄）某某顿首拜（订）"；以及结盟对方的尊称名号，题曰"某某兄（弟、大人）惠存"。末署订盟的时间、地点。

据冒广生兰谱载，冒广生生于"同治癸酉"，即同治十二年（1873）。因"同治癸酉"四字下残缺，故不知具体日期与时辰。冒广生兰谱为谱主本人亲笔题写；《冒鹤亭先生传略》为谱主第三子冒景璠先生所撰；《冒鹤亭先生年谱》为谱主第三孙冒怀苏先生编著，以上三种文献中所载冒广生生卒年信息，应该是真实可靠的。

但冒广生生年也有异说。光绪二十年（1894）秋，冒广生应江南乡试，以第一百三十六名考中举人。检光绪刻本《光绪二十年甲午科江南乡试同年齿录》，冒广生的履历是这样记载的："冒广生，号鹤亭，一号同生。行一。光绪乙亥年三月十五日吉时生，系江苏通州如皋县优行附生，民籍。"光绪乙亥年为光绪元年，也就是 1875 年。这比《冒广生兰谱》《冒鹤亭先生传略》和《冒鹤亭先生年谱》三文献中记载的生年整整晚了两年。

科举考试自创立之始，一直是国家选拔人才和读书人实现自身"正心、修身、齐家、治国、平天下"远大理想和政治抱负的主要途径而备受重视。在科举时代，科甲是国家官吏的重要出身之一，特别是明、清两代，凡进士、举人出身及恩贡、拔贡、副贡、岁贡、优贡生、荫生出身者均为"正途"，其余出身者均为"异途"。清代规定，"异途"经保举，亦同"正途"出身，但不得考选科道。非科甲"正途"出身，不得授翰

林院、詹事府及吏、礼二部官员（旗员除外）。可见国家对科举考试的重
视。读书人要求得仕途上的飞黄腾达，需要"过五关，斩六将"，经过由
低到高各级考试的层层筛选。为保证国家煌煌大典的严肃性、公正性和
公平性，应试者的身份，也就是考试资格，需要经过国家相关部门的严
格审查，即所谓"别流品，严登进"。其中一项重要内容，就是应试者必
须认真、如实地填写个人履历，并上报备案存档。此项工作由地方各级
官员负责，各地方政府均要为本地考生建立类似档案的"家状"，以及类
似鉴定的"解文"。如经查所填报的个人资料不实，亦即考生考试资格不
合格者，地方官员会受到严厉惩罚。这种制度早在唐代就已有之。那时，
在科举考试前，各地举子要先向礼部报名，投递履历表，叫做"投状"。
于是，一种记录科举时代及第人士身份资料的文献类型也就应运而生了。
唐代称"登科记"。宋以后名"登科录"，亦称"题名录"，详载乡、会试
考官衔名、名次、姓名、籍贯、年龄，并三场试题目。而汇刻同榜者姓
名、字号、行第、生辰、籍贯、世系等的文献则称为"齿录"，也称"同
年录"或"同年齿录"。鉴于此类文献的性质，其资料的可信度和真实性
基本还是可以肯定的。而《光绪二十年甲午科江南乡试同年齿录》中的
生年，比冒广生兰谱、传略、年谱中的记载晚了两年，令人费解。

又检《如皋县志》①，卷二十一"人物卷"的"知名人士"中有《冒广
生传》，其生卒年作 1872—1959②，生年比冒广生《兰谱》《传略》《年谱》
中的记载又早了一年。中国古代传统的年龄计算方法，是婴儿出生时就
记为一岁。这是因为胎儿在母体内从受孕到出生有将近一年的时间，以
后每过一个春节就增加一岁，这就是我们常说的虚岁。农历年末出生的

---

① 江苏省如皋市地方志编纂委员会编纂，香港新亚洲出版社有限公司 1995 年版。
② 第 786 页。

孩子，一过春节就记为两岁，所以虚岁要比周岁大一至两岁。《如皋县志》所误，肯定是用卒年直接减了虚岁。

冒广生是我国近现代文化史上的著名人物，一代国学大师。在冒氏人生所经历的三个历史时期，其在文化界均有非常广泛的交往和较大的影响力。但其对祖国文化的贡献真正被政府所重视，那还是新中国成立以后的事情。据其子冒景璠先生云：新中国成立后，冒广生受到党和政府无微不至的关怀。冬天送煤供取暖，生病住高级的华东医院。生病期间，国务院副秘书长齐燕铭，奉周恩来总理之命来寓探望。来京时，受到毛泽东主席和周总理的多次接见[①]。1959 年 8 月 10 日，冒广生病逝于上海，其后事也尽享哀荣。《冒鹤亭先生年谱》中云："是月，同人假上海胶州路万国殡仪馆举行追悼大会，由江翊云[②]主祭，姚虞琴[③]、王福厂、吴湖帆[④]等人陪祭。参加者逾三百人。陈仲弘[⑤]电嘱上海市府派人送大花圈，市委统战部送大花圈，各放左右旁。"[⑥]

冒广生并非镇江人。但在民国初年，他曾在镇江为官；虽不过短短两年，但在这里留下了深深的印记。

民国元年（1912）十二月，经袁世凯长子袁克定推荐，冒广生被任

① 《冒鹤亭先生传略》。《冒鹤亭先生年谱》第 14—15 页。

② 江庸（1877—1960），字翊云，福建长汀人。毕业于日本早稻田大学。清末历任京师法政专门学校校长、京师高等审判厅厅长。民国后历任司法次长、总长，北京法政大学校长，故宫博物院古物馆馆长。新中国成立后，任全国政协委员、上海文史馆馆长。江庸与冒广生为世交，其父江瀚为清末民国间著名经学大师，与冒广生为盟兄弟。

③ 姚景瀛（1867—1961），字虞琴，晚年以字行，浙江余杭人，寄寓上海。擅书画诗文，尤以画兰著称。晚年与冒广生交往甚密。

④ 吴湖帆（1894—1968），初名翼燕，字通骏，后更名万，字东庄，又名倩，别署丑簃，号倩庵，书画署名湖帆，江苏苏州人。我国现代国画大师。

⑤ 陈毅元帅，字仲弘。新中国成立后上海市第一任市长，时任国务院副总理。

⑥ 《冒鹤亭先生年谱》第 603 页。

命为浙江省瓯海关监督兼温州外交交涉员。民国六年（1917）十一月，冒广生解瓯海关监督任。民国七年（1918），"在北京，农商总长田焕亭（名文烈）① 聘先生（冒广生）任全国经济调查会会长，任期不及一年"②。是年（民国七年，1918）冬，冒广生改调镇江关监督兼镇江外交交涉员③。民国八年（1919）正月，冒广生"始接任镇江关监督，关署在金山脚下"④。冒广生与镇江的缘分由此开始。到任伊始，他就先将多病的母亲周太夫人迎来镇江，以便就近侍奉尽孝，这也为他转任他地后延续与镇江的缘分埋下了伏笔。

民国八年（1919）正月，"先生（冒广生）与陈善余（名庆年）⑤ 襆被宿金山妙高台，对床隔月，高谈辩论，几未成睡。先生作《正月十五日夜与陈善余舍人襆被宿妙高台后》。其后，先生又与傅沅叔（名增湘）⑥ 同宿金山妙高台，先生又作《同傅沅叔宿金山妙高台作》"⑦。

"二月，先生返如皋，沙健庵⑧ 招邀先生同赴雨香庵观梅，沙健庵首

---

① 田文烈（1853—1924），字焕亭，湖北汉阳人。肄业于江汉书院、经心书院。后追随袁世凯，颇受重用，清末官至陆军副大臣。民国后，历任总统府军事顾问、河南民政长兼都督、农商总长、内务总长。工诗。

② 《冒鹤亭先生年谱》第 203 页。

③ 《冒鹤亭先生年谱》第 208 页。

④ 《冒鹤亭先生年谱》第 209 页。

⑤ 陈庆年（1862—1929），字善余，江苏丹徒人。光绪十四年（1888）优贡生。肄业南菁书院。早年入张之洞幕，掌管两湖书院学务。后又入端方幕，被保荐内阁中书，充任江南图书馆坐办。精于史地、掌故。

⑥ 傅增湘（1872—1949），字沅叔，号双鉴楼主人、藏园老人等，四川江安人。我国近现代著名藏书家、版本目录学家。光绪二十四年（1898）进士，授翰林院庶吉士。清末曾任直隶提学使。民国后任教育总长、故宫博物院图书馆馆长。

⑦ 《冒鹤亭先生年谱》第 209 页。

⑧ 沙元炳（1864—1926），字健庵，江苏如皋人。清末民国间诗人。光绪二十年（1894）进士。

先成诗，先生和之，作《二月九日健庵招同雨香庵观梅次健庵韵》①。

"三月，先生作《重刻〈同人集〉跋》②。"又作《题八世祖履之府君双桥图》③。四月，作《满江红·京口怀古十首》。其中有一首是写第一次鸦片战争的，词云："碧眼紫髯，九万里，大秦之国。忍泪读，残黎日记，謷謷出出。横海船来江不险，轰天雷迅城都墨。枉青州，四百好男儿，头颅掷。/伊里布，箸方失。颜崇礼，冠堪溺。问北门锁钥，是谁之责？之子天骄殊未已，长城自坏嗟何及。便万重，从此恨刘郎，蓬山隔。"④

"春夏间，严范孙（名修）⑤游镇江金山寺，晤先生，被告知金山寺有退院僧，与严同姓名，今年又同六十岁。严始与严修僧师相见于游堂。别后为诗张之"⑥。"先生与周少朴（名树模）⑦、张元奇⑧、郑苏堪⑨诸人皆和之。人称金山百年来无此风雅事"⑩。

"秋，先生作《润州杂诗十二首》。应陈善余之请，先生作《陈善余横山草堂图》"。又作《题康更生戊戌手札·金缕曲》，词云："往事沉吟乍。

---

① 《冒鹤亭先生年谱》第 210 页。

② 同上。

③ 《冒鹤亭先生年谱》第 211 页。

④ 《冒鹤亭先生年谱》第 211—212 页。

⑤ 严修（1860—1929），字范孙，祖籍浙江慈溪，生于河北三河，长居天津。光绪九年（1883）进士，授编修，后督学贵州、任学部侍郎。后回天津，创办南开中学堂，入民国，成南开大学。北京政府屡以教育总长授之，不应。工诗。

⑥ 《冒鹤亭先生年谱》第 212 页。

⑦ 周树模（1860—1925），字少朴，号沈观，湖北天门人。光绪十五年（1889）进士，官至黑龙江巡抚，兼任中俄勘界大臣。民国后任内阁总理。工诗。

⑧ 张元奇（？—1922），字珍午，一作贞午，号姜斋，福建侯官（今福州）人。光绪十二年（1886）进士，授编修，官至监察御史。民国后，任奉天巡按使。

⑨ 郑孝胥（1860—1938），字太夷，号苏堪、海藏，福建侯官（今福州）人。清末民国间著名政治人物、诗人、书法家。光绪八年（1882）举人，授内阁中书，改官同知。任驻日各地领事、总领事。民国间，参与建立满洲国，任伪国务总理。

⑩ 《冒鹤亭先生年谱》第 212 页。

记当时，黄门北寺，清流白马。腹痛故人头万里，痛定思量犹怕。蓦弹指，廿多年也。今日艰危余一老，算尺书，未共池灰化。重展读，泪盈把。/火风过去飚轮霎。只未来，三灾八难，佛都无法。一代兴亡无说处，吞炭从今成哑。也休管旁人笑骂。文字不磨心血在，是开元、天宝凄凉话。分付与，后来者。"①

"是秋，先生赴南京，晤陈散原②，以《润州杂诗十二首》出视，后陈作《鹤亭移监丹徒榷关来金陵邀酌水榭写示杂咏十二篇》"③。

"是年，先生晤吴印臣（名昌绶）④，商议刻书事多起，吴曾屡劝先生以重刻《宋嘉定镇江志》《元至顺镇江志》两志相期。后先生晤及陈善余，始知陈已覆刻《宋嘉定镇江志》，而《元至顺镇江志》无过问者。元志亦写定，以力不继，未刻"。"鉴此，先生因取其写本来，'使梓人计之，值六百金，而关吏贫，其事亦不能以独举，乃先出百金，谋之于、柳二君，而柳、于二君复谋之同人，不一月而事以集，刻成。'先生作《以〈至顺镇江志〉重刊口占寄吴印臣》"⑤。

十月，冒广生作《重刻〈至顺镇江志〉序》⑥。序中对刊刻此志的缘起、经过言之甚详，但与上文《冒鹤亭先生年谱》中的记述略有出入。序文如下：

<hr/>

① 《冒鹤亭先生年谱》第 213 页。康更生即康有为。

② 陈三立（1852—1937），字伯严，号散原，江西义宁（今修水）人。光绪十五年（1889）进士，官吏部主事。因参与维新变法被革职。著名诗人，近代同光体江西派的领袖人物。

③ 《冒鹤亭先生年谱》第 214 页。

④ 吴昌绶，生卒年不详。字伯宛，号印臣，浙江仁和（今杭州）人。光绪二十三年（1897）举人，官至内阁中书。近现代著名藏书家、刻书家、金石学家。《冒鹤亭先生年谱》误作"光绪三年（1877）举人"。

⑤ 《冒鹤亭先生年谱》第 214 页。

⑥ 《冒鹤亭先生年谱》第 215 页。

　　岁戊午（民国七年，1918），吾以瓯海关监督量移镇江，仁和吴印臣（昌绶）

　　为吾言："君之在瓯海也，尝建永嘉诗人祠堂，又刊唐、宋以来诸东瓯人著作凡十三种，庋板祠中，以惠瓯之学者。今之镇江有宋、元二志，刘孟瞻^①所称'海内读书人所愿见而未得'者也。君亦闻阮文达^②之风，将为镇江存其文献乎？"吾曰："唯，昔者闻之耆老矣。道光末，文达方家居，有包商（良丞）者欲得文达书，文达故靳之曰：'吾选楼中有镇江人二志，镇江人无肯刊之者。包商诚欲得吾书，吾亦欲包商之成吾志也。'包商曰：'诺。'文达乃欣然书十四字曰：'古籍待刊三十载，旧闻新见一千年。'以赠包商，而世乃多包商因并多文达。今吾诚不敢望文达，意镇江或尚有包商其人乎？因相与大笑。明年（民国八年，1919）至镇江，首举以语陈善余（庆年），善余具言其家新有宋志刊本，元志亦写定，以力不继未刊也。吾因取其写本来，使梓人计之，直六百千。而关吏贫，其事亦不能以独举，乃先出泉百千，谋之于柳衍斋（肇庆）、于小川（树深）。柳、于二君复谋之同人，不一月而事以集。昔文达之得此志也，不得撰人姓名，柳宾叔^③告之，乃知其为俞希鲁所作也。衍斋为宾叔族孙，此举之功，比之宾叔，有过之无不及矣。然吾读文达《送杨忠愍公墨迹

---

　　① 刘文淇（1789—1854），字孟瞻，江苏仪征人。少时聪明颖悟，从其舅父凌曙学。稍长，即精研群经诸子之学。嘉庆己卯（二十四年，1819）优贡生，候选训导。与刘宝楠齐名，并称"扬州二刘"。

　　② 阮元（1764—1849），字伯元，号云台，晚号怡性老人，江苏仪征人。清嘉道间名臣，著名学者、刻书家、校勘家、思想家，在经史、历算、舆地、金石等多个领域有极高的造诣，被尊为一代文宗。卒谥"文达"。

　　③ 柳兴恩（1795—1880），清代中后期著名学者、经学家，工诗文。原名兴宗，字宾叔，江苏丹徒人。贫而好学，受业于阮元。道光十二年（1832）举人，著述甚丰。

归焦山记》，中间反复此志，若不能无憾于镇江人之不肯刊之者。而今日出泉诸君，十九乃镇江人，又以见镇江人之好义，而文达之语或失之诬也。希鲁先世为温州之平阳人，其父德邻，所著有《佩韦斋辑闻》四卷、《文集》十六卷。

襄吾在东瓯时，尝欲取之以入《永嘉诗人祠堂丛刊》，会受代去，不果为。今刊此志，所谓'天理当而人心安者'（阮文达原序语），则仍东瓯人之著作也。吾又不知瓯之学者其观感为何如？而继吾之官东瓯者，复有《永嘉诗人祠堂续刊》焉否也？

刊既成，以板归焦山，系之以诗，兼报印臣。诗曰：'考献征文老未疲，尺书飞报故人知。由来京口多耆旧，此后山灵倘护持。阮瑀盛名吾敢望，包咸豪举世交推。却愁乾道遗编尽，无复衰年再见之。'（镇江尚有熊克《乾道志》，世无传本。）己未冬月，如皋冒广生疚斋序。"①

冒广生在序文中说与吴昌绶晤谈的时间是"岁戊午"，也就是民国七年（1918）。冒广生是在民国六年（1917）十一月解瓯海关监督任的。民国七年（1918），他在北京任过不到一年的全国经济调查会会长。该年冬，冒广生改调镇江关监督兼外交交涉员。从下文看，有"明年（民国八年，1919）至镇江"语。很显然，冒广生与吴昌绶的晤谈，应发生在冒氏接受新职，但尚未赴任履新期间。此时，冒氏还滞留在北京。而《冒鹤亭先生年谱》所记此事是发生在"是年"，也就是民国八年（1919），未注明具体月份。从《年谱》中该年记事的顺序来看，冒广生与吴昌绶的晤谈应该是在初秋。《年谱》中也没有冒广生接受新职至赴任履新期间在北

---

① （元）俞希鲁编纂；杨积庆、贾秀英等校点《至顺镇江志》，江苏古籍出版社 1999 年版。

京与吴昌绶晤谈刻书事的记载。另外，刻此书的主要出资人、镇江本地商人于小川（丹徒人，归镇江所辖），序文中说名树深；而《年谱》中说名树琛。因此，祖孙二人的记述，肯定一方有误。

《至顺镇江志》为元代俞希鲁①编纂，是镇江一部非常重要的地方文献，也是历代方志中的一部名志。清代著名学者阮元评价此志："备录故事，多详兴废，物产土贡，胪陈名状。……明以来绝无著录，洵为罕觏之秘籍。"②元志记载了元代地方政府组织、城市经济、赋税制度、宗教活动等翔实的第一手资料，保存了元代社会大量的珍贵资料和地方文献散篇佚文，记载了众多的京口掌故逸事，有很多史料弥补了《元史》的不足。重刻《至顺镇江志》，是冒广生在镇江为官短短两年间，为镇江文化做出的最大贡献。

"是年，丁闇公（名传靖）③自北京归里，喜逢先生，作《赠冒鹤亭榷使（广生）》长句。先生即和之，作《丁闇公自京师归以长句见赠依韵奉答》"④。

"秋冬间，先生赴泰州，作《于役海陵得六绝句皆述先德》《泰州松林庵有古松夭矫盈亩而高不出檐际宠之以诗》。先生在镇江将近一年，抒怀作诗甚多。作《喜闻夏剑丞之官杭州却寄》《宿光孝寺四夕不可无诗写赠佩云方丈》《过济公房》《京口五僧咏》（按：五僧者，兴善庵济南、江

---

① 俞希鲁，字用中，祖籍温州平阳（今浙江平阳），后迁居京口丹徒（今江苏镇江丹徒）。宋末元初著名文学家俞德邻之子。幼承家学，学问渊博，当时与青阳翼、顾观、谢震合称"京口四杰"。以秀才授庆元路（今宁波）教授。后历任归安县丞、江山县令、永康县令、儒林郎、松江府同知。是元代著名学者，所著《至顺镇江志》为名志。

② 《〈至顺镇江志〉提要》，见阮元撰《揅经室外集》卷一。

③ 丁传靖（1870—1930），字修甫，号闇公，江苏丹徒人。光绪二十四年（1898）贡生，官礼学馆纂修。民国后寓居天津。工诗文、传奇。

④ 《冒鹤亭先生年谱》第215页。

天寺青权、鹤林寺福灯、玉峰庵鹤洲、超岸寺怡斋)、《京口后五僧咏》（按：后五僧者，江天寺宗仰、江天寺松月、招隐寺辉山、竹林寺圆明、鹤林寺闻光)、《十一月十五夜乘月登金山放歌》若干首"①。

"在鹤林寺，先生嘱闻光方丈代为拓印寺壁陈均②题诗若干，以一帖寄温州刘次饶③。后刘作《冒疚斋先生广生自镇江拓寄鹤林寺壁陈均诗喜其有禅志乘纪以二绝》。是年，梁节庵④病逝，先生作《哭梁文忠公四首》"⑤。

民国九年（1920）正月，冒广生家遭受"绛云之灾"。据《冒鹤亭先生年谱》载："里居失火，拙存堂已毁，绛云楼藏书焚烬，顺（治）康（熙）至光（绪）宣（统）十朝名人专集，计有二千数百种，多是朝野掌故者，付诸焚如。其他孤本、精本，亦为灰烬。劫后尚存碑版一千余通、字画五百余件。先生早年撰写《律学考》手稿，付之一炬。是时，先生在镇江关署，痛心之余，赋作《庚申正月九日里居不戒于火藏书焚尽诗以志痛并告海内》五古长诗。"后又作《前诗既成系以二十八字》。沙元炳作《鹤亭榷关镇江家藏书籍尽焚作诗志痛依韵寄慰》以示安慰⑥。

二月，冒广生在镇江南郊王家山作《新复王梦楼先生三世坟墓碑记》⑦。

---

① 《冒鹤亭先生年谱》第215页。

② 陈均，生卒年不详。字平甫，号纯斋、云岩，兴化军莆田（今属福建）人。南宋著名诗人。编著有《皇朝编年纲目备要》。

③ 刘绍宽（1867—1942），字次饶，浙江平阳人。光绪二十三年（1897）拔贡，曾任浙江龙阳书院山长。后东游日本，回国后任温州府中学堂监督。民国后，历任平阳教育会长、县议会议长、征辑乡哲遗著委员会副主任委员。工诗文。

④ 梁鼎芬（1859—1919），字星海，号节庵，广东番禺人。光绪六年（1880）进士，授编修。后主讲广雅、钟山两书院。工诗词。

⑤ 《冒鹤亭先生年谱》第216页。

⑥ 第216—218页。

⑦ 第218页。

三月，冒广生赴如皋扫墓。途经南京时，"陈散原招同梁公约^①、程伯臧^②、苍厓上人^③泛舟秦淮，至夜饮食水榭。陈散原作《三月三日鹤亭自丹徒至携同宗武公约伯臧及苍厓上人泛舟秦淮夜还饮水榭与鹤亭别》。先生作《上巳日散原招同宗武伯臧饮真（即梁公约）苍厓上人秦淮修禊》；程作《庚申上巳伯严丈招饮秦淮水榭即汛青溪修禊同集者胡宗武（名嗣芬）冒鹤亭（广生）梁公约（焱）及苍厓上人舟过仓园仇徕之（名继恒）携歌者来会"^④。是年春，冒广生作《会音寺同戒录序》^⑤。

八月，镇江绅商于小川^⑥以其所藏周忠介公^⑦与友人书一通出视，求冒广生题跋，冒氏遂作《周忠介公遗墨跋尾》。此前，于氏曾以赀款资助冒氏，作为刻印图书之用。不久，冒广生北游栖霞山，访宗仰方丈^⑧，作《将游摄山先寄宗仰方丈兼乞山志》。宗仰原在镇江金山江天寺出家，时新转至南京栖霞山栖霞寺任住持。宗仰在金山时，经常与冒广生来往。冒氏旧作《京口后五僧咏》中有宗仰一首，诗云："天南两诗僧，敬安及宗仰。敬安既涅槃，公如孤月朗。"^⑨

---

① 梁焱（1864—？），字公约，号饮真，江苏江都（今扬州）人。光绪间诸生，工诗善画。

② 程学恂，生卒年不详。字伯臧，号窳堪，江西新建人。工诗。

③ 清末民初僧人，生卒年不详。出家于衡阳南岳，长居金陵（今南京）。善画山水。

④ 《冒鹤亭先生年谱》第216页。

⑤ 《冒鹤亭先生年谱》第219页。

⑥ 于树琛，字小川，江苏丹徒人。商人，生平不详。

⑦ 周顺昌（1584—1626），字景文，号蓼洲，吴（今江苏苏州）人。万历四十一年（1613）进士，历任福州推官、吏部稽勋主事、文选司员外郎，为官清正。东林党人，因反对魏忠贤而被害。崇祯元年（1628）得昭雪，谥忠介。

⑧ 宗仰（？—1921），清末民初僧人。号乌目山僧，晚年更名印楞禅师。俗姓黄，江苏常熟人。在镇江金山江天寺受戒，法号宗仰。工诗擅画。曾在上海与蔡元培、章太炎等人创立中国教育会，任会长。1920年，到南京栖霞寺任住持，第二年就去世了。

⑨ 《冒鹤亭先生年谱》第219—220页。

十一月，冒广生赴北京述职，与陈师曾（名衡恪）[1]、周养庵（名肇祥）[2] 等人欢聚。陈师曾是著名篆刻家，冒广生请他为己刻石两枚。一为"乞食情怀天所鉴"，这是陈师曾的父亲陈三立赠别冒氏的诗句，冒氏甚爱之。另一为"疚斋"，是冒氏常用的号[3]。

这年冬天，冒广生调派淮安关监督，结束了他在镇江的为官经历。冒广生将要离开镇江时，"万人空巷，以相袒送，实为前此所未有"[4]。镇江商界、文化界人士倡议为他树立德政碑，以资后人。碑中记述："其办交涉也，纯然一出之于诚，以取外人之信用。一旦有事，义所不可千回百折，以浩然之气，充塞其间，举一切要挟恫吓，漠然不为之少动，外人亦知公耿介，互为退让。公语人若有天幸，实则临时之正气，平日之积诚，有以潜移而默化之也。""综公在任二年，未尝有一事之失败。桂林王勋佐理镇江当局办交涉事，前后十年，其语人云：真能不畏强御者，公一人而已。"[5] 故冒广生在镇江为官两年，先后与美国长老会、日本商人、日本兵舰在谈判交涉中，均能秉持正气，为地方乃至国家维护尊严[6]。冒广生虽然转任淮安，但因其母亲周太夫人体弱多病，所以请母亲仍留住镇江。冒广生也于公余经常回到镇江，探望和陪侍母亲。也正是因为母亲，冒广生与镇江的缘分得以维系。

---

① 陈衡恪（1876—1923），陈三立长子，字师曾，号槐堂、朽道人，江西义宁（今修水）人。近现代著名书画家、篆刻家，工诗文。清末考入日本东京师范博物科。民国后历任湖南第一师范教员、教育部编纂处编审员、北京高等师范学校教授等。

② 周肇祥（1880—1954），字嵩灵，号养庵，别号退翁，浙江绍兴人。毕业于北京法政学校，历任山东盐运使、代理湖南省省长、北京古物陈列所所长。工诗善画。

③ 《冒鹤亭先生年谱》第220页。

④ 上海博物馆藏《镇江关监督并交涉员冒公德政碑》拓本。

⑤ 同上。

⑥ 《冒鹤亭先生年谱》第221页。

民国十年（1921），淮安耆旧段朝瑞①辑录《葩城叟集》多年，欲刻未成，由冒广生刻成。段氏又辑有《寄生馆骈文》，并校补书稿多种，也是由冒广生带到镇江刊刻的②。冒广生在淮安写定的自己的书稿，也都是带到镇江去刊刻的③。

同年七月，冒广生"应镇江鹤林寺方丈之请，作《〈黄鹤山志〉序》。鹤林寺在黄鹤山脚下。传说宋代书法家米芾生前极爱鹤林寺，称死后愿作伽蓝护寺。后人将其葬于黄鹤山下，即在鹤林寺前面。先生（冒广生）作序文略及一二"④。

"十二月，母周太夫人殁于镇江寓所，年六十九岁。山塘极恩寺僧十数人来吊丧，先生无以为报，遂以《未筛集》报之"。林纾、段朝瑞等多人寄来挽词⑤。

民国十一年（1922）正月，冒广生先后三次呈请开缺终制，以丁母忧⑥。当局谓民国以来已无丁忧解职之制，劝慰留任。冒氏坚请：当初任瓯海关监督时曾立誓："祖墓之前，此身此官与吾母为进退。"⑦江苏督军齐燮元、省长王瑚与冒氏交厚，因爱其才，也诚意挽留，复函曰："以借重长才，成全大节，二者权衡，尚难解决，予以挽留。"⑧冒氏又向财政部呈递了第五次函，坚请开缺终制。此次，财政部长亲自批文："孝思纯笃，

---

① 段朝瑞（1843—1923），字笏林，号蔗叟，江苏淮安人。少年时期就博闻强记，曾入江宁（今南京）钟山书院，但在科举考试中屡试不售。后任江苏仪征、兴化教谕。归里后潜心于淮安地方文献的搜集整理工作，著述甚丰，但多未刻。工诗。

② 陈慎侗撰《清末民初著名学者、诗人段朝瑞》，刊载于《淮安文史资料》第八辑。

③ 《冒鹤亭先生年谱》第225页。

④ 《冒鹤亭先生年谱》第226页。

⑤ 《冒鹤亭先生年谱》第227页。

⑥ 此三函件均被收入《重辑如皋冒氏先世潜徽录》中，未刊稿。

⑦ 《重辑如皋冒氏先世潜徽录》。

⑧ 同上。

亦未便过拂，应即准予开缺，俾成其志。"① 冒广生终尝所愿，除服二年，实则弃官，潜心从事著述。冒氏泣作《先妣周太夫人行述》，中云："（十二月）十五日早起，坐片时，觉委顿，自知不济，呼家人汤沐，取所制衣衾置床上，时时有所嘱咐，然无一语。……私谓不孝，吾知汝以吾故以贫，故不惜自污其身，坠陷于坑堑。淮安一任，可以归矣。子孙贤不在财多，不贤将以多财为患也。……十七日，命家人以笋煨粥进，又两索藕粉。顾不孝言，吾心上觉有白须老公将至，未至。不孝因问：'白须老公何人？'曰：'似汝祖又非祖也。'问：'白须老公至，则将何如？'曰：'汝曹得安乐耳。'又呕呼不孝备舆马，不孝因问：'吾母有无所见？'则答言无之。……遂瞑目危坐，弃不孝等而长逝矣。"② 林琴南③ 为冒广生母周太夫人作诔并序，称："顾二十年来，广生与纾为道义交。"④

五月，冒广生作《重刻〈未筛集〉序》。《未筛集》是冒氏故友云间上人的诗集，未刊。民国八年（1919），冒广生来镇江任职，在金山见到了上人之孙妙禅。妙禅出视此集，求冒广生校刻之。过了一年，冒氏才答应为之校刻。岂料，周太夫人不久就去世了，冒氏忙于丧事，无暇顾及校刻此书。得知冒母去世，妙禅特意从苏州虎丘赶来镇江吊唁。冒氏无以为报，便利用守孝期间，为妙禅了了这桩心事。同月，冒氏又作《〈小三吾亭文乙集〉自序》⑤。

---

① 同上。

② 《小三吾亭文乙集》，未刊稿。

③ 林纾（1852—1924），原名群玉，字琴南，号畏庐，福建闽县人。光绪八年（1882）举人，二十六年（1900）在北京任中学国文教员。后在北京以译书售稿与卖文卖画为生。曾创办苍霞精舍，即今福建工程学院前身。工诗古文辞，推崇桐城派古文，是近现代著名古文家和翻译家。

④ 《畏庐文存》。

⑤ 《冒鹤亭先生年谱》第229页。

"十一月，先生赴浦口吊周玉山①之丧，并晤周缉之②、周梅泉③等人亲属"④。据《冒鹤亭先生年谱》的附注，周馥卒于民国十年（1921）⑤。但该年的谱文中，并没有关于周馥去世和冒广生前往吊丧的记载。而且，周馥卒于民国十年（1921），冒广生却在一年多以后的民国十一年（1922）十一月去吊丧，显然是记载有误。据徐友春主编的《民国人物大辞典》所载，周馥卒于 1921 年 9 月 21 日⑥。其他文献还有卒于 9 月 22 日、8 月 21 日、10 月 21 日的说法。查周馥曾孙周景良先生所编《周馥生平履历简表》，中云："（周馥）中华民国十年农历九月二十一日（1921 年 10 月 21 日）：逝世于天津。"⑦按照旧时汉族的丧葬习俗，人死后不能马上下葬，要"做七"，亦称"七七""斋七""烧七"等。于"头七"（第一个七日）起即设立灵座，供木主，每日哭拜，早晚供祭。每隔七日做一次佛事，设斋祭奠，依次至"七七"四十九日除灵止。"七七"之后才能下葬。周馥卒于民国十年（1921）农历九月二十一日，"七七"之后已是农历十一月上旬。此后，"周馥灵柩由专车从天津南下，至浦口雇轮船抵达安庆，

---

① 周馥（1837—1921.9.21），字玉山，号兰溪，安徽至德（今东至）人。早年在科举考试中屡试不售，遂投笔从戎入淮军，从一名文书累升至两江总督、南洋大臣、闽浙总督（未到任）、两广总督这样的封疆大吏。光绪三十三年（1907），以年老多病为由请致仕，回天津安度晚年。1921 年逝于天津寓所，溥仪赠谥悫慎。

② 周学熙（1866—1947），周馥子，字缉之，号止庵，安徽至德（今东至）人。光绪二十年（1894）举人，入袁世凯幕。北洋时期曾任财政总长，是清末民国间著名的实业家。

③ 周达（1879—1940），周馥孙，字梅泉，安徽至德（今东至）人。光绪间诸生。工诗，精研六书、甲骨文，爱好集邮，有"中国邮票大王"之誉。

④ 《冒鹤亭先生年谱》第 230 页。

⑤ 《冒鹤亭先生年谱》第 105 页。

⑥ 河北人民出版社 1991 年版，第 508 页。

⑦ 周景良著，孟繁之编《曾祖周馥——从李鸿章幕府到国之干城》，山西出版传媒集团·三晋出版社（原山西古籍出版社）2015 年版，卷首第 9 页。

所经各处文武长官均前来祭奠。后乘民船由东流回籍"①。从天津归葬原籍，途中舟车相转，最多不过几天工夫，到达原籍的时间或在十一月中旬，与《年谱》中所说的"十一月赴浦口吊周玉山之丧"，在时间上是完全吻合的。只是冒怀苏先生在年份上错记了一年，吊丧之事应发生在民国十年（1921）的农历十一月，而不是民国十一年（1922）的农历十一月。周馥墓坐落在至德县官港东南的云雾坑，即今东至县县城东南三十四公里处的石城乡云雾坑②。

十二月，冒广生送母亲灵柩回绍兴入土③。母家为河南祥符人，祖籍浙江山阴，即今绍兴。

民国十二年（1923），冒广生仍留镇江守制。五月，作《〈同人集〉补跋》《〈招隐山志〉序》《〈莱山志〉序》。招隐山、莱山皆在镇江境内④。

六月，沙元炳为冒广生所撰《冒得庵、嵩少两先生年谱》作序，中云："予夙治乡闻古先言行，多所甄采，而于冒氏独微，以疚斋能自为之也。疚斋导物先德甚勤，所辑一家丛书至百数十卷，积几案齐额。……疚斋少孤，事母谨，每事必如母意之所向，既需禄以养，不幸又处可以弃禄之时。尝自谓不得已而仕，仕必与母俱终也，而二谱之作乃成。"⑤

是年秋，叶尔恺⑥从杭州寄来冒广生所著《小三吾亭诗》第一册，朱印本。冒氏有感，题跋于该本书衣："别柏皋姻丈逾十年，人事飞翻不可说。癸亥（民国十二年，1923）仲秋，忽辱书见存，适新刻本辛亥以后

---

① 程莉撰《周馥玄孙启晋先生祖籍祭扫记》，见《池州学院学报》2015 年第 4 期，第 71 页。
② 同上。
③ 《冒鹤亭先生年谱》第 230 页。
④ 《冒鹤亭先生年谱》第 231 页。
⑤ 同上。
⑥ 叶尔恺（1864—?），字柏皋，浙江仁和（今杭州）人。光绪十八年（1892）进士，授编修。历任陕西、云南、甘肃学政。民国后，以遗老终。工诗。

诗成，为检寄一帙，使丈读之，怳然如与仆话沧桑也。"①

是年，冒广生在镇江守制期间，专注于如皋冒氏家集的整理，拟陆续刻入《冒氏丛书》，计有十三种，四十二册。《冒鹤亭先生年谱》第232至233页，列有该丛书的全部子目，但既不著录责任者朝代，也不著录版本。《冒氏丛书》在《中国丛书综录》中名为《如皋冒氏丛书》②。将二子目互校，略有出入：

1.《年谱》:《存笥小草》四卷，

《丛书综录》:《增订存笥小草》；

2.《年谱》:《驭交记》十二卷（张镜心、冒起宗撰），

《丛书综录》:"（明）张镜心撰，（明）冒起宗订"；

3.《年谱》:《妇人集注》一卷（冒褒撰），

《丛书综录》:"（清）陈维崧撰，（清）冒褒注"；

4.《年谱》:《前后元夕谦集诗》二卷（冒篁撰），

《丛书综录》:（清）冒篁辑；

5.《年谱》:《枕干录》一卷附录一卷（冒沆撰），

《丛书综录》:"（清）冒沆辑"；

6.《年谱》:《谢康乐集拾遗》一卷（冒广生撰），

《丛书综录》:"（刘宋）谢灵运撰，冒广生辑"；

以上出入，多为《年谱》有误。另，《冒氏丛书》末附《五周先生集》，收录的是冒广生母家——河南祥符周氏（祖籍浙江山阴）的家集。其中收录有《訒庵遗稿》一卷，《家谱》中著录责任者（作者）为周源绪；而《丛

---

① 《冒鹤亭先生年谱》第232页。
② 上海图书馆编，中华书局1959年版，第一册第459—460页。

书综录》中著录为"（清）周悦修撰"。所谓"五周先生"，即周岱龄①的五个儿子、周星诒（冒广生的外祖父）及其四位兄长②。周源绪字复之，号韧庵，周岱龄第三子。道光十六年（1836）进士，曾任安庆府知府。因此，《韧庵遗稿》的作者应为周源绪。既为"遗稿"，那周悦修有可能是周源绪的后人，其所承担的工作应该是搜集、整理。

是年冬，陈石遗③以其所编《近代诗钞》和所撰《石遗室诗话》寄赠冒广生。其中《诗钞》收入冒氏所作诗近四十首，皆为1920年前所作。《诗话》则称冒广生"佳句甚多，率笔者亦时有"。又称"都可与仲则、船山得意之作相挹袖矣"。"君喜填词，诗中多词家语"。"近人写景之工者，复得数联，殊有突过前人之处，如冒鹤亭之'日色不到处，苔气绿一尺'；何梅生④之'天地忽自通，一碧不可绝'。冒句苍古，何句较为奇辟"⑤。

民国十三年（1924）正月，冒广生守制期满。也许是为了散心，从二月开始，冒氏开始四处巡游。五月，冒广生举家归原籍如皋。作《还旧居一百韵时甲子五月十七日也》《水绘园歌》两首长诗，以纪事借以抒发内心的无限感慨。冒怀苏先生云："两长句诗注几乎多于诗句，注释翔实，堪作为冒氏家史。"⑥

---

① 周岱龄，字延年，号介堂，河南祥符人，祖籍浙江山阴（即今绍兴）。乾隆五十九年（1794）举人，曾官太仓州知州、苏州府、保定府知府。

② "五周先生"：即周岱龄长子周沐润、第三子周源绪、第五子周星譻、第七子周星誉和第八子周星诒。

③ 陈衍（1856—1937），字叔伊，号石遗，福建闽侯（今福州）人。光绪八年（1882）举人，入张之洞幕府，后任学部主事。戊戌政变后任京师大学堂教习。民国后，回原籍任福建通志局总裁。晚年寓居苏州。工诗词，著述甚丰。

④ 何振岱（1867—1953），字梅生，福建闽侯（今福州）人。光绪二十三年（1897）举人。诗词俱佳，尤工词，亦擅画。冒广生契友。

⑤ 《冒鹤亭先生年谱》第233页。

⑥ 《冒鹤亭先生年谱》第238页。

冒广生民国七年（1918）冬任镇江关监督兼镇江外交交涉员，民国八年（1919）正月到任，民国九年（1920）冬又改派淮安关监督，在镇江为官整整两年。在淮安关任职期间，因母亲周太夫人体弱多病，仍留镇江寓所，所以冒广生经常回镇江侍奉。民国十年（1921）十二月，周太夫人病逝。民国十一年（1922）正月起，冒广生五上辞呈，终于感动当局，得以卸去现任官职，回镇江为母亲守制两年至民国十三年（1924）正月。前前后后、断断续续，在镇江生活了近五年。在与镇江结缘的这五年间，冒广生个人经历了绛云之厄、慈母病逝的大悲，但却为镇江做出了造福一方的卓越宦绩，留下了丰厚的文化遗产，值得镇江人永远感念他的恩德！

附记：

此文是参加 2017 年历史文献研究会镇江年会的论文。之所以写这样一篇论文，还要从 2016 年马鞍山年会说起。2016 年，是马鞍山市建市六十周年，年会承办方希望借本次年会，编辑出版一本关于马鞍山历史文化的论文集，以为该市建市六十周年的一份献礼。但统计参会代表提交的论文后发现，与马鞍山市历史文化相关的论文只有十四篇，不足以编一本集子。承办方对此颇有微词。朱杰人会长在理事会上将此问题提出，希望大家以后参会还是尽量围绕主办地的历史文化来撰写论文。此前曾写过关于冒广生生卒年考的文章，对冒广生的事迹比较熟悉。他虽不是镇江人，但曾在镇江短期为官，为当地文化事业的发展做出了较大的贡献。这才有了此文。